DISCOURS

DE FLAVIEN ET DE LIBANIUS

A L'EMPEREUR THÉODOSE,

EN FAVEUR DE LA VILLE D'ANTIOCHE,

ou

INTRODUCTION A L'ÉLOQUENCE DES SS. PÈRES.

DISCOURS

DE FLAVIEN ET DE LIBANIUS

A L'EMPEREUR THÉODOSE,

EN FAVEUR

DE LA VILLE D'ANTIOCHE;

TRADUITS DU GREC EN FRANÇAIS ET ANALYSÉS

PAR J. L. GENIN,

PROFESSEUR DE RHÉTORIQUE, A PARIS.

A L'USAGE DES ÉLÈVES DE RHÉTORIQUE.

A PARIS,

A LA LIBRAIRIE ECCLÉSIASTIQUE DE RUSAND,
Rue du Pot-de-Fer Saint-Sulpice, n. 8 ;

A LYON,

CHEZ M. P. RUSAND, IMPRIMEUR DU ROI,
Grande rue Mercière, n. 26.

1826.

Τὼ δὲ βάτην....
Πολλὰ μάλ' εὐχομένω....
Ῥηϊδίως πεπιθεῖν μεγάλας φρένας Αἰακίδαο.

ΙΛ. Β. Ενν.

Les députés marchaient demandant aux dieux, par d'instantes prières, de pouvoir aisément persuader l'ame superbe du petit-fils d'Eacus.

AVERTISSEMENT.

LE but que je me propose en rapprochant l'un de l'autre, Flavien et Libanius, est d'initier les jeunes élèves de rhétorique aux beautés oratoires des saints Pères. Or la voie la plus courte pour les amener à saisir le vrai caractère de l'éloquence chrétienne, c'est de la confronter avec l'éloquence profane, non dans cet ordre supérieur et tout céleste où celle-ci ne pouvait s'élever, mais seulement dans l'ordre politique et civil ; car bien que l'éloquence chrétienne paraisse ne s'occuper que des intérêts éternels des peuples, elle a su plus d'une fois assurer d'une manière triomphante leurs intérêts temporels.

Pour que des rapprochemens de ce genre offrent un vrai parallèle, il faut que les personnages qui en sont les objets paraissent entourés de circonstances égales, se proposent des fins semblables et rencontrent des obstacles de même nature, alors il sera facile d'apprécier le plus ou le moins de valeur des moyens qu'ils mirent en œuvre. Tel sera le résultat de l'examen successif des deux plaidoyers de Flavien et de Libanius, en faveur de la ville d'Antioche. Libanius sera traduit en français pour la première fois, du moins quant à cette partie de ses Œuvres; Flavien, souvent cité, souvent défiguré, s'exprimera dans notre langue, je n'ose dire, avec son éloquence native, mais peut-être avec un ton plus évangélique et plus naturel que celui qu'on lui a prêté jusqu'à ce jour.

FLAVIEN

ET LIBANIUS

A THÉODOSE,

EN FAVEUR

DE LA VILLE D'ANTIOCHE.

VUE GÉNÉRALE DU SUJET.

Une grande ville, heureuse et paisible à l'ombre d'une autorité sage et légitime, est tout à coup saisie d'un esprit de licence et de révolte; la raison et la vertu en paraissent bannies pour un temps; le crime et la folie marchent la tête levée et sèment partout leurs poisons funestes; les cœurs aigris se soulèvent, la fureur éclate, les lois sont méconnues, la majesté souveraine est outragée, et presque tout un peuple se précipite dans un désordre affreux. Mais le remords a bientôt son tour, et le premier il répand l'alarme, la terreur et le désespoir. Tous tremblent, innocens et coupables; tous croient entendre la foudre

gronder sur leurs têtes, et veulent abandonner une ville qu'ils regardent comme
une vaste prison, où la vengeance ne tar-
dera pas à les atteindre. En vain les magistrats s'efforcent de les retenir : la crainte
les rend sourds, et les chasse en grand
nombre dans le désert.

Cependant le *pouvoir* s'avance le glaive
à la main, et menace de frapper à mort la
ville infortunée. L'éloquence seule entreprend de le désarmer, seule elle se charge
du rôle de médiatrice. (1) Réduite à ses
propres forces, elle risque d'échouer; (2)
mais qu'elle emprunte l'assistance de celui
qui tient le cœur des rois dans sa main,
elle est sûre de réussir et de sauver la patrie. Tel est le terrible et sublime spectacle
que nous offre, à la gloire de l'éloquence
chrétienne, la ville d'Antioche rebelle et
repentante.

CIRCONSTANCES.

Située près de l'embouchure de l'Oronte,
au milieu d'une plaine fertile, Antioche
était depuis long-temps la ville la plus opu-
lente de tout l'Orient, lorsque la prospé-

(1) Libanius. (2) Flavien.

rité, mère de l'insolence, faillit causer sa ruine. L'empereur Théodose-le-Grand, forcé par les guerres qu'il avait à soutenir, venait d'imposer à tous ses états une contribution extraordinaire (1); ses ordres étant arrivés à Antioche, pendant la nuit du 26 février 387, le gouverneur assembla de grand matin le conseil. La lecture du décret impérial n'était pas achevée que les assistans s'abandonnent à la douleur, et s'écrient que la somme est exorbitante, qu'on peut leur briser les os par les tortures, leur tirer tout le sang des veines; mais qu'en vendant leurs biens et leurs personnes on ne pourra trouver de quoi satisfaire à cette exaction cruelle. Les murmures, les gémissemens, les cris, les marques de désespoir troublent toute l'assemblée. Plusieurs élèvent la voix pour adresser à Dieu des prières plus séditieuses encore que les murmures.

Le gouverneur fait de vains efforts pour les apaiser, ils sortent de la salle et courent comme des forcenés sous le portique. Là, redoublant leurs cris et se dépouillant de leurs robes, ils appellent les citoyens

(1) Voyez Le Beau.

et leur exagèrent le sujet de leur alarme. On accourt de toutes parts ; bientôt un peuple immense les environne ; la fureur se communique plus promptement que leurs paroles ; la plupart ignorent encore la cause du tumulte et frémissent déjà de colère. Tout à coup, sans aucun commandement, il se fait un grand silence ; cette immense populace demeure calme et immobile, ainsi que la mer aux approches d'un violent orage ; et un moment après, poussant des cris furieux et se divisant en plusieurs troupes, comme en autant de vagues, les uns se jettent dans les thermes voisins ; ils renversent, ils brisent, ils détruisent et les vases, et les ornemens ; les autres courent à la maison de l'évêque Flavien, et ne l'ayant pas trouvé, ils reviennent à la salle du conseil, d'où le gouverneur n'avait pas osé sortir ; ils tâchent d'en enfoncer les portes et menacent de le massacrer, ce qui n'était pas sans exemple à Antioche. N'ayant pu réussir ils se dispersent en criant : *Tout est perdu ! la ville est abîmée, un impôt cruel a détruit Antioche.*

Tout ce qu'il y avait d'étrangers, de misérables, d'esclaves, grossit la foule des séditieux; ce mélange confus ne connaît plus ni prince, ni magistrats, ni patrie. A la vue des portraits de l'empereur, qui était représenté en plusieurs endroits de la ville, la rage s'allume, on l'insulte de paroles et à coups de pierres, et, comme s'il respirait encore plus sensiblement dans les ouvrages de bronze, on va attaquer ses statues; on n'épargne pas celles de Flaccile, son épouse, dont la tombe venait à peine de se fermer; ni celles d'Arcadius et d'Honorius, ses enfans; ni la statue équestre de Théodose le père; on attache des cordes à leur cou, chacun s'empresse de prêter son bras à ce ministère de fureur; on les arrache de leurs bases, on les brise en morceaux en les chargeant d'opprobres et d'imprécations; on en abandonne les débris aux enfans qui les traînent par les rues de la ville.

Ce dernier excès d'insolence effraya les coupables eux-mêmes (1). La vue de ces augustes images brisées et mises en pièces les frappa d'horreur comme s'ils eussent

______

(1) Voulez-vous une peinture frappante du remords saisissant le coupable dès que la passion est assouvie? voyez, dans Virgile, l'effroi de ces

contemplé les membres du prince même épars et déchirés. Pâles et tremblans, la plupart s'enfuient et se renferment. Les archers poursuivent les plus mutins et les arrachent de leurs maisons. Les habitans abattus, consternés, ne se reconnaissent qu'avec effroi. Innocens et coupables, tous attendent également la mort ; les païens, qui n'étaient pas plus criminels que les chrétiens, tremblent qu'on ne leur impute tout le désordre.

Le lendemain, dès le point du jour, les rues sont remplies d'hommes, de femmes, d'enfans et de vieillards qui fuient la colère du prince comme un incendie. A peine les magistrats peuvent-ils, à force de menaces, retenir les sénateurs qui se préparaient eux-mêmes à déserter Antioche. Les autres sortent en foule et se dispersent dans les montagnes et dans les forêts.

Cependant les magistrats étaient assis sur

femmes troyennes qui, après avoir brûlé leur propre flotte, se dispersent et se cachent :

> Ast illæ diversa metu per littora passim
> Diffugiunt, silvasque et sicubi concava furtim
> Saxa petunt : piget incœpti, lucisque ; suosque
> Mutatæ agnoscunt : excussaque pectore Juno est.

leur tribunal, et faisaient comparaître ceux qu'on avait arrêtés à la fin de la sédition. Ils déployaient toute l'horreur des supplices : on pouvait leur reprocher de n'avoir rien fait pour empêcher le crime ; cette crainte les rendait plus implacables, et croyant faire leur apologie en punissant avec rigueur, ils se hâtèrent de livrer les coupables au bourreau : les uns périrent par l'épée, les autres par le feu ; on en jeta plusieurs aux bêtes, on ne fit pas même grâce aux enfans. Tant de supplices ne rassuraient pas ceux qui restaient : ils redoutaient la colère du prince ; et quoiqu'il ne pût encore être instruit de la sédition, on entendait sans cesse répéter dans la ville : « L'empereur sait-il la nouvelle ? Est-il irrité ? L'a-t-on fléchi ? Qu'a-t-il ordonné ? Voudra-t-il perdre Antioche ? » Pour effacer, s'il était possible, la mémoire du soulèvement, chacun s'empressait de payer l'impôt qui en avait été l'occasion. Loin de le trouver alors insupportable, les habitans offraient de se dépouiller de leurs biens et d'abandonner à l'empereur leurs maisons et leurs terres, pourvu qu'on leur laissât la vie.

FLAVIEN EST DÉPUTÉ A THÉODOSE.

Il y avait déjà huit jours que les courriers qui portaient à Constantinople la nouvelle de la sédition étaient partis d'Antioche, lorsqu'on apprit qu'ils avaient été arrêtés par divers accidens. On crut qu'il était encore temps de les prévenir, et toute la ville s'adressa à l'évêque Flavien, prélat vénérable par sa sainteté, et chéri de Théodose. Personne assurément n'était plus digne de remplir le rôle de médiateur entre le prince et ses sujets, que celui qui chaque jour exerçait ce consolant ministère entre Dieu et les hommes. Il accepta donc cette pénible mission, et ni les infirmités de sa vieillesse, ni les fatigues d'un long voyage, ni l'état où se trouvait une sœur unique qu'il laissait au lit de la mort, ne purent arrêter son zèle. Résolu de mourir ou de fléchir la colère du prince, il part au milieu des larmes de son peuple ; tous les cœurs le suivent par leurs vœux, on espère que l'empereur ne pourra se défendre d'écouter un prélat si respecté.

Malgré son extrême diligence, Flavien ne

put atteindre les courriers. Ils arrivèrent
avant lui, et leur rapport excita dans Théodose cette violente colère dont les premiers
accès étaient toujours prompts et terribles.
Son premier mouvement fut de détruire la
ville et de l'ensevelir sous ses ruines. Re-
venu de cet emportement, il choisit deux
commissaires pour l'exécution d'une vengeance plus conforme aux lois de la justice,
et il les chargea d'informer contre tous les
complices avec droit de vie et de mort. Il
leur donna ordre de fermer le théâtre, le
cirque, les bains publics, d'ôter à la ville
son territoire, ses priviléges et la qualité
de métropole.

Les commissaires étant partis avec ces
ordres rigoureux, rencontrèrent Flavien,
et redoublèrent sa douleur. Lorsque le saint
vieillard apprit qu'on allait r'ouvrir les plaies
récentes de sa malheureuse patrie, ses entrailles paternelles furent vivement émues;
et se représentant la terreur, la fuite, le
désespoir exerçant de nouveau leurs ravages au milieu de son troupeau, il versa un
torrent de larmes, et se hâta d'achever sa
route.

Il ne se trompait pas. L'arrivée des com-

missaires troubla Antioche jusque dans ses
fondemens ; les informations recommen-
cèrent avec une rigueur extrême ; un très-
grand nombre de complices appartenant
aux premières familles, furent jetés dans
les prisons, et condamnés à mort. Pour
dernière faveur, les commissaires, fléchis
par les prières des moines qui étaient des-
cendus de leurs montagnes pour secourir
leurs concitoyens, voulurent bien suspen-
dre l'exécution de la sentence de mort,
jusqu'à ce que Théodose, instruit du crime
de ses sujets, le fût aussi de leur repentir.

FLAVIEN SE PRÉPARE A PARAÎTRE DEVANT THÉODOSE.

Arrivé à Constantinople, Flavien, avant
de se présenter devant le roi de la terre,
s'adressait avec larmes au roi du ciel (1),
le conjurant de lui mettre à la bouche des

(1) Homère lui-même ne nous représente-t-il
pas les députés d'Agamemnon priant les dieux
de leur inspirer des discours persuasifs. Et pourquoi l'homme ignorant et aveugle rougirait-il de
recourir à celui qui est le conseil et la lumière
des esprits ?

paroles

paroles assez efficaces pour arrêter le débordement d'une vengeance que le supplice des principaux auteurs de la sédition paraissait ne devoir pas satisfaire ; circonstance qu'il ne faut point perdre de vue , si l'on veut sentir combien sont convenables et pressans les motifs que le député d'Antioche fera valoir. La justice ayant déjà eu son cours, il avait pour but d'empêcher que la colère du prince ne devînt cruelle, et qu'elle ne finît par envelopper dans une ruine commune les innocens avec les coupables.

ANALYSE LOGIQUE OU PLAN DU DISCOURS DE FLAVIEN.

Quelles étaient les pensées qui agitaient alors ce cœur apostolique , et de quelles raisons la sagesse et la charité armaient-elles d'avance le défenseur de la patrie ? On est ordinairement porté à croire que l'éloquence de Flavien ne fut que l'élan spontané d'un patriotisme religieux inspiré par la circonstance : en effet, dans son discours l'art est si voisin de la nature , qu'on le prendrait volontiers pour elle ; et

je ne doute nullement qu'une si vive et si
pure éloquence ne soit découlée de ce cœur
généreux, comme d'une source féconde;
mais saint Chrysostome nous apprend que
la méditation, aidée de la prière, avait
creusé cette source; Flavien, avant de
produire ses pensées au dehors, dut avoir
avec lui-même cette conversation intérieure,
dans laquelle l'ame s'exerce et s'anime à
la lutte qu'elle se propose de soutenir;
conversation qui, assurément, ne se traî-
nait pas avec la marche froide et compassée
du syllogisme; néanmoins comme le raisonnement le plus exact et le plus suivi s'y
trouvait, quoique d'une manière implicite,
on voudra bien me permettre, pour l'instruction de mes jeunes lecteurs, de déve-
lopper ce raisonnement dans toute son
étendue. L'éclat et la beauté d'un tableau
ressortiraient bien davantage si l'on pouvait mettre en regard la simple esquisse
qui en fut d'abord jetée sur la toile. Sup-
posons donc que Flavien raisonne de la manière suivante sur sa position, sur la fin
qu'il se propose, et sur les moyens qu'il
mettra en œuvre pour atteindre cette fin.

Qui suis-je ? A qui parlerai-je ? Pour quelle fin ?

Qui suis-je ? Un faible vieillard, mais revêtu du sacerdoce de Jésus-Christ ; le député d'Antioche et l'envoyé du Seigneur : j'ai donc un double caractère à soutenir.

A qui parlerai-je ? A Théodose , c'est-à-dire à un prince d'un naturel généreux, mais irascible ; à un chrétien plein de foi et de respect pour mon ministère. Il faudra donc que mes paroles conviennent à l'homme et au chrétien , et que je fortifie le langage de la raison par celui de la religion.

Pour quelle fin ? Pour sauver mon troupeau que la colère veut dévorer. Or la voie la plus courte pour triompher de cette colère , c'est d'en rechercher la cause et le principe. Elle peut être excitée et nourrie dans l'ame du prince : 1.º par le sentiment de sa bonté paternelle méprisée ; 2.º par le sentiment de la majesté impériale outragée ; 3.º par le sentiment de la souveraine autorité compromise, si le crime demeure impuni. Elle se retranche donc tout à la fois dans le cœur , dans l'imagination et dans la raison , qui se réunissent pour dire à Théodose que la vengeance est douce, honorable, avantageuse ; or comment guérir le cœur, l'imagination, la raison, et prouver que la clémence seule est douce, honorable, avantageuse ?

I. Au sentiment de la bonté paternelle méprisée , sentiment qui repose dans le cœur, et trouve que la vengeance est douce, je tâcherai de faire succéder un sentiment de compassion dont l'effet soit tout contraire ; pour cela j'exprimerai au nom d'Antioche le repentir d'un enfant qui s'abandonne sans réserve à la justice de son père, et qui est moins effrayé du châtiment que désolé de la disgrâce.

Afin d'engager le prince à ne pas rejeter ce repentir filial, je lui proposerai, au nom de la religion, l'exemple de Dieu lui-même, touché de compassion , et pardonnant à l'homme ingrat et rebelle. La foi de Théodose sentira la force de ce parallèle qui se réduit à cette alternative : Voulez-vous, ou non, ressembler à Dieu ?

II. Le sentiment de la majesté impériale outragée l'aigrit et l'exaspère ; son imagination troublée lui fait voir ses statues rcuversées, défigurées, et il se dit à lui-même :

Mon honneur exige que je punisse.

Comme député d'Antioche , frappons-le vivement de ces idées contraires :

1.º *Votre honneur n'exige pas que vous punissiez.*

Un acte de clémence dont vous ne partagerez le mérite avec personne, et qui relèvera des statues bien autrement précieuses que celles qui viennent d'être renversées, vous sera plus honorable que la vengeance. Or tels seront les heureux fruits de votre clémence ; témoin Constantin , qu'une parole de bonté a plus illustré que ses victoires : donc votre honneur n'exige pas , etc.... donc voulez-vous, ou non , acquérir une gloire immortelle ?

2.º *Votre honneur exige que vous ne punissiez pas.*

Se montrer contraire à soi-même , rétracter une pensée généreuse , est-ce rencontrer la gloire ou l'ignominie ? or dans une occasion solennelle vous avez laissé échapper ce souhait magnanime : Plût au

ciel que je pusse rendre la vie aux morts !
Voici le moment de prouver que ce souhait immortel est parti de votre cœur; Antioche et ses habitans sont plus morts que
vivans: donc votre honneur exige, etc.....
donc voulez-vous être loué ou maudit ?

Comme envoyé de Jésus-Christ, disons
à sa piété :

3.º *L'honneur du christianisme vous fait
un devoir de ne pas punir.*

Un acte de clémence qui glorifiera le
christianisme ne saurait être refusé de votre
piété ; or la grâce d'Antioche glorifiera le
christianisme, puisque lui seul aura pu l'obtenir : donc l'honneur du christianisme, etc.
donc voulez - vous que Dieu soit loué ou
maudit ?

III. Le sentiment de la souveraine autorité compromise par l'impunité résiste encore, et maintient la colère ; la raison dit
au prince :

*Les intérêts de votre couronne exigent
que vous punissiez.*

Comme représentant la ville d'Antioche,
je combattrai ce prétexte par cette réponse :

1.º *Les intérêts de votre couronne temporelle n'exigent pas que vous punissiez.*

Antioche ne corrompra les autres villes qu'autant que son crime resterait impuni ; or peut-on dire que ce crime ne soit déjà puni ? L'horreur de notre situation ne suffit-elle pas pour faire trembler les autres villes : donc les intérêts de votre couronne temporelle n'exigent pas, etc............ donc voulez-vous être juste ou injuste ?

2.º *Les intérêts de votre couronne temporelle exigent que vous ne punissiez pas.*

L'amour est pour les rois une sauvegarde bien plus assurée que la crainte ; or Antioche sauvée vous méritera l'amour de tous les peuples : donc les intérêts de votre couronne temporelle exigent, etc..... donc voulez-vous être gardé par l'amour ou par la crainte ?

Comme représentant la religion elle-même, je m'adresserai à la conscience de Théodose, et j'ajouterai :

3.º *Les intérêts de votre couronne éternelle vous conseillent de ne pas punir.*

Un exemple qui formera une succession de vertu et de crainte du Seigneur sera magnifiquement récompensé dans le ciel : or telles seront les suites de l'exemple de clémence que vous aurez donné aux princes et aux peuples : donc les intérêts de votre couronne éternelle vous conseillent, etc...... donc voulez-vous, ou non, obtenir une récompense immortelle ?

4.º *Les intérêts de votre couronne éternelle vous défendent de punir.*

Vous serez jugé comme vous aurez jugé les autres ; or si vous jugez sans miséricorde, vous serez jugé sans miséricorde : donc les intérêts de votre couronne éternelle vous défendent, etc..... donc voulez-vous être récompensé ou puni ?

Après m'être emparé du cœur, de l'imagination, de la raison ; après avoir intéressé la foi, la piété, la conscience de Théodose, je terminerai par un appel à sa générosité naturelle.

Telles sont les armes invincibles que préparait la charité pour combattre la colère ; mais le plus difficile était de pouvoir aborder cette colère, et la joindre de près.

Par où commencer ? Comment prononcer le nom d'Antioche et de pardon sans s'exposer à réveiller le juste ressentiment du prince ? or c'est ici que triomphe la prudence de Flavien.

La première apologie que le moindre d'entre nous permette à l'ingratitude, c'est de n'en faire aucune, mais de témoigner un vif regret par un humble silence. Que sera-ce si la personne aigrie est un roi ? le courroux du lion superbe ne s'apaise que lorsqu'il voit son ennemi se prosterner à ses pieds.

Essayons de parler d'abord par notre attitude triste et suppliante : l'image d'Antioche ingrate et rebelle se présente sans cesse à son esprit, et réveille dans son ame les mouvemens de la colère ; frappons-le dans ma personne par l'image de cette même ville soumise et repentante, et les mouvemens de la pitié calmeront ceux de la vengeance. Peut-être alors, touché de ma douleur, il daignera m'adresser quelques paroles, et je me permettrai de répondre, d'après le sentiment qu'elles exprimeront, disposant les divers motifs que je viens de passer en revue, et les faisant agir, ou plus tôt, ou plus tard, selon que j'aurai à guérir le cœur, l'imagination ou la raison.

Ainsi conseillé par la sagesse et par la charité, Flavien épie le moment favorable de parler à l'empereur, qui, le sachant à Constantinople, et ne doutant pas de l'objet de sa mission, évitait à dessein d'avoir une entrevue avec lui. Au bout de sept jours d'attente et de perplexités, l'auguste vieillard, admis à cette audience si désirée d'une part, si redoutée de l'autre, s'arrête loin du trône, les yeux baissés, muet, fondant en larmes, se couvrant le visage comme s'il eût été chargé de tous les crimes d'Antioche. Tel fut son exorde ; Théodose n'y fut point sourd. Touché de voir dans la personne de Flavien la religion elle-même défigurée par le deuil et les pleurs, il s'avance vers le vénérable suppliant, et, d'un ton bien éloigné des violens éclats de la colère et du reproche, il entreprend lui-même son apologie, rappelant tous les bienfaits dont il avait comblé Antioche depuis son avènement à l'empire, et ajoutant à chaque trait : « Voilà donc leur reconnaissance ? que leur avais-je fait pour devenir l'objet d'une vengeance si cruelle ? qu'avaient-ils à se plaindre ? mais pourquoi outrager les morts ; les vivans ne suffisaient donc pas à leur furie ? Je suis injuste, disent-ils, mais les morts le sont-ils ? Pourquoi s'en prendre aux morts ? N'est-il pas vrai que j'avais pour leur ville un amour de préférence ? Je la chérissais plus qu'on ne chérit sa propre patrie ; la voir, la visiter en personne était l'objet de tous mes vœux, et j'en faisais le serment à quiconque voulait m'entendre. »

A ces dernières paroles, Flavien poussant un profond soupir et versant un torrent de larmes, ne crut pas devoir garder plus long-temps le silence ; car les tendres reproches de Théodose semblaient aggraver la faute de ses concitoyens, et d'ailleurs puisque le prince descendait à se justifier c'était une preuve qu'il voulait se rapprocher. Alors d'une voix entrecoupée de sanglots il commence ainsi :

FLAVIEN HARANGUE THÉODOSE.

I. O prince , nous le reconnaissons et nous ne saurions le nier, cet amour que vous avez manifesté pour notre patrie ; et ce qui redouble nos pleurs , c'est de voir que les démons ont été jaloux d'une ville qui vous était si chère ; c'est de sentir que nous avons méconnu vos bienfaits et forcé

le meilleur des pères à nous haïr. Renversez, brûlez, exterminez, faites plus encore, jamais vous ne serez assez vengé. Les
premiers nous nous sommes punis nous-
mêmes en nous précipitant dans une situation plus affreuse que mille morts. Et
qu'y a-t-il de plus amer que de paraître
avoir indignement exaspéré un bienfaiteur,
un ami si tendre ; que de songer que toute
la terre saura notre conduite et condam-
nera une si noire ingratitude ?

Si les barbares après avoir, dans une de
leurs courses dévastatrices, ruiné nos murailles et brûlé nos maisons, nous traînaient
en captivité, un tel malheur serait suppor-
table. En effet à cette seule pensée, l'empereur est vivant, et il nous protége ; l'espérance nous resterait de voir bientôt nos
chaînes brisées, notre liberté glorieusement
reconquise, et la patrie replacée à son premier rang. Mais aujourd'hui que vous nous
retirez votre protection, et avec elle notre
sauve-garde la plus assurée ; aujourd'hui
que vous nous fermez votre cœur, où nous
réfugier ? où porter ailleurs nos regards,
après avoir irrité un maître si doux, un
père si indulgent ? Les infortunés ! leur

crime est énorme, sans doute, mais aussi l'expiation en est terrible. Ils n'osent regarder en face les autres hommes; leurs yeux, troublés par la honte qui leur couvre le visage, ne peuvent soutenir la vue du soleil; réduits à se cacher, dépouillés de toute assurance, plus misérables maintenant que les derniers des captifs, ils s'attendent aux flétrissures les plus infamantes; accablés de la pensée de leurs maux et du souvenir de leur insolente rébellion, ils ne peuvent respirer, et s'imaginent voir tous les hommes, plus indignés que celui-là même qui seul a été outragé, se soulever contr'eux, et devenir autant d'accusateurs.

Mais si vous le voulez, ô prince, il est une guérison à nos plaies; il est un remède à tant de maux. Souvent on a vu les plus graves et les plus impardonnables offenses se terminer entre simples particuliers par de solides accords : notre propre nature en a fait une épreuve salutaire. Lorsque Dieu, après avoir créé l'homme, l'eut introduit dans le paradis, et comblé de glorieux priviléges, le démon, horriblement jaloux d'une félicité si pure, le fit tomber de cette place d'honneur. Mais

Dieu ne l'a pas abandonné, et s'il lui a fermé le paradis sur la terre, il nous a ouvert les cieux, trouvant dans sa chute même une raison de lui tendre une main secourable, et de faire éprouver au démon un plus cruel déplaisir.

Et vous aussi, agissez de même; les démons viennent de faire tous leurs efforts pour détacher de votre amour la ville que vous chérissez entre toutes les autres. Instruit de leurs projets, châtiez-nous comme bon vous semble; mais ne souffrez pas qu'ils nous arrachent d'entre vos bras. Faites plus encore, oui, prince, j'oserai le dire, témoignez-nous aujourd'hui un redoublement de tendresse; remettez Antioche au nombre des villes que vous aimez, et vous punirez les premiers auteurs de la sédition, les esprits de ténèbres; car si vous la renversez, si vous la ruinez, si vous l'effacez du nombre des cités, ce qu'ils désirent depuis long-temps, vous l'aurez accompli. Ne gardez pas votre colère, daignez la reconnaître pour la ville de votre cœur, et vous les aurez frappés d'un coup sensible, vous aurez tiré d'eux la satisfaction la plus humiliante en les réduisant à

voir leurs propres embûches, non-seulement inutiles, mais encore tournées contre eux-mêmes. Nous aurions, ce semble,
quelque droit au pardon et à la compassion puisque c'est votre bienveillance qui
nous a mérité la haine des démons ; Antioche moins aimée eût été moins en butte à
leur jalouse fureur. Oui, prince, dussiez-
vous le trouver étrange, j'ose avancer que
rien n'est plus vrai ; c'est à cause de vous,
c'est à cause de votre amitié que le malheur nous accable.

II. Ah! combien l'embrasement et la
destruction nous seraient moins amers que
cette apologie de votre conduite adressée à notre ingratitude ! Vous vous plai-
gnez d'avoir été plus insulté, plus outragé
qu'aucun des rois vos prédécesseurs ; mais
si vous le voulez, ô le plus clément, ô le
plus sage et le plus religieux des hommes,
votre diadème sera moins brillant et moins
noble que la couronne préparée par nos
outrages ; car ce diadème, digne attribut
de votre valeur, vous fut remis par une
main jalouse d'honorer le mérite ; mais la
couronne que vous tressera votre humanité, vous ne la devrez qu'à vous seul ;

elle sera le prix de votre modération, et vos sujets seront bien moins éblouis des pierres précieuses dont rayonne votre front, que touchés de vous voir supérieur à l'offense.

Ils ont renversé vos statues; vous pouvez en relever de bien plus glorieuses; accordez aux coupables leur grâce pleine et entière ; aussitôt leur ame reconnaissante multipliera vos images et se les représentera , non telles qu'on les voit sur la place publique, en or, en bronze ou en marbre , mais revêtues des célestes emblèmes de l'humanité et de la miséricorde. Chacun d'eux vous placera dans son propre cœur; vous aurez pour monumens tous les hommes qui maintenant habitent la terre, tous ceux qui l'habiteront à jamais ; nous ne serons pas les seuls instruits de ce trait de clémence; nos enfans, nos plus reculés neveux l'entendront raconter, et ils ne pourront s'empêcher de vous admirer et de vous chérir autant que s'ils en eussent eux-mêmes ressenti les effets.

Et afin de vous prouver que c'est la vérité et non la flatterie qui vous promet par ma bouche un si glorieux avenir, je vous

redirai

redirai une ancienne parole très-propre à vous convaincre que la puissance, les trésors, les exploits et les autres prérogatives de cette nature illustrent d'ordinaire moins les princes que la modération et la douceur du caractère. Excité, dit-on, à poursuivre des séditieux qui avaient renversé à coups de pierres une de ses statues, et poussé à la vengeance par la foule de ses courtisans qui s'écriaient que toute sa face avait été lapidée et meurtrie, Constantin, ce bienheureux prince, passa la main sur son visage, et dit avec un sourire plein de calme : « Mon front ne porte aucune trace de meurtrissures, et ni ma tête, ni ma face ne sont blessées, » faisant ainsi rougir, et déconcertant ses lâches conseillers. Cette généreuse parole, on la célèbre encore aujourd'hui; elle vit dans tous les cœurs, et les siècles n'ont pu en étouffer la mémoire. Comme elle efface la gloire des plus brillans trophées! Constantin a fondé plusieurs villes, vaincu un grand nombre de barbares, et tout cela, on n'y songe plus; mais cette parole est encore célébrée de nos jours; entendue de la génération suivante, elle sera transmise à la postérité la plus reculée. Que dis-je ? non-seulement on se la transmet d'un âge à l'autre, mais ceux qui la racontent et ceux à qui elle est racontée forment à l'envi un concert de louanges et de bénédictions. Celui qui l'entend ne peut garder le silence, il l'accueille avec transport, et bien que le prince ait disparu de ce monde, il le comble de louanges et lui souhaite toutes les faveurs du ciel. Si donc, aux yeux des hommes, il a joui de tant de gloire pour cette unique parole, combien de couronnes s'apprête à lui décerner le Dieu de miséricorde !

Mais pourquoi vous remettre sous les yeux Constantin et des exemples étrangers, lorsque je devrais vous exhorter par des exemples domestiques, par vos propres actions. Rappelez-vous, le souvenir n'est que d'hier, rappelez-vous cette lettre que vous avez adressée à tout l'univers aux approches de la grande fête, lettre de grâce qui ouvrait les prisons, pardonnait aux criminels, et comme si votre humanité était à peine satisfaite, renfermait ces mémorables paroles : « Plût au ciel que je pusse faire entendre ma voix aux morts,

les rappeler du tombeau et les rendre à
la vie ! » Souvenez-vous de ces paroles aujourd'hui ; voici le moment de faire entendre votre voix aux morts , de les rappeler du tombeau et de les rendre à la vie.
Ils sont morts ceux dont j'implore le pardon ; ils sont déjà morts avant que vous
ayez prononcé leur sentence ; maintenant (1) la ville entière est abîmée dans
les horreurs du tombeau. Ressuscitez-la
donc ; il ne vous faut pour cela ni trésors, ni
dépenses , ni temps , ni peines : dites une
seule parole , et les ombres funèbres qui
l'enveloppent se dissiperont. Maintenant
accordez-lui d'être appelée désormais la
ville de votre miséricorde ; elle aura moins
d'obligation à son fondateur qu'à celui qui
aura prononcé sur elle une sentence de
grâce, et certes avec raison ; car son fondateur , après lui avoir donné une faible
existence , a disparu ; mais vous , prince ,
qui la voyez, après tant d'années de splendeur et de prospérité , déchue et frappée
à mort , vous la relèverez. Il vous serait

(1) Mot à mot, a ses tentes près des portes de
l'enfer.

3.

moins glorieux de repousser loin d'elle le joug des ennemis et les ravages des barbares que de l'épargner maintenant. Bien des princes l'ont déjà sauvée des périls de la guerre, mais vous serez le seul, vous serez le premier qui l'aurez sauvée aujourd'hui contre l'opinion de tout le monde. Veiller à la sûreté de ses sujets n'est pas une chose bien merveilleuse ; cela se voit tous les jours : mais étouffer sa colère, lorsqu'on a reçu un pareil outrage, c'est un effort au dessus de la nature humaine.

Songez qu'il s'agit, non-seulement du salut d'une grande ville, mais de votre propre gloire, mais, avant tout, de l'honneur du christianisme. En ce moment tous les peuples de l'univers, juifs, gentils, barbares même, tiennent sur vous les yeux ouverts, dans l'attente de l'arrêt que vous allez porter. S'il est doux et clément, tous le béniront, tous rendront gloire à Dieu, et se diront les uns aux autres : Ciel, quel n'est pas l'empire de la religion chrétienne ! un homme qui n'a point de rival en puissance, un homme qui est maître de tout perdre, de tout anéantir, cette religion l'arrête, lui met un frein et lui inspire une modération dont un simple particulier ne se montra jamais capable. Certes, il est grand le Dieu des chrétiens! des hommes il en fait des anges; il nous les montre inaccessibles aux passions humaines.

III. Ecartez de fausses alarmes, et ne souffrez pas ceux qui vous disent que l'impunité d'Antioche corrompra les autres villes et les rendra plus hardies. Si vous étiez dans l'impuissance de vous venger, si leur faute était une victoire remportée sur votre faiblesse, et s'ils osaient vous opposer quelque résistance, vous auriez raison de ne pas dissimuler. Mais si, glacés et presque morts d'épouvante, ils ont néanmoins couru en ma personne jusques à vos pieds; si chaque jour ils n'attendent que la fosse et ses horreurs; si leurs prières et leurs regards se dirigent sans cesse vers le ciel, afin que le Seigneur vienne à leur secours, et qu'il daigne appuyer auprès de vous les sollicitations de leur député; si, réduits à éprouver toutes les transes d'une lente agonie, on les entend s'occuper, au milieu de leurs proches, de leurs dispositions dernières, que deviennent vos craintes? Non, quand même vous donneriez ordre de les égorger tous, ils s'estimeraient moins à plaindre qu'ils ne le sont au milieu des mortelles alarmes qui depuis un si grand nombre de jours les agitent sans cesse. Lorsque la nuit approche, ils désespèrent de revoir l'aurore; et lorsque le matin est venu, ils n'osent se flatter de vivre jusqu'au soir. Un grand nombre sont devenus la proie des bêtes féroces, tandis qu'ils fuyaient vers le désert et se hâtaient de gagner des lieux inaccessibles; et ce n'étaient pas seulement des hommes, mais de tendres enfans, des femmes libres et d'honorable condition, victimes déplorables que recèlent encore, depuis plusieurs jours et plusieurs nuits, les cavernes, le creux des vallons et le fond du désert. Un nouveau genre de captivité enchaîne la ville entière : les murailles et les maisons sont debout, et l'on souffre tous les maux des villes réduites en cendres; les barbares sont loin des portes, les ennemis ne paraissent point, et les habitans semblent abattus sous le poids de l'esclavage, toujours tremblans, toujours prêts à fuir à la moindre feuille que le vent agite. Antioche est en spectacle à toute la terre, et quand elle disparaîtrait sous ses ruines, le bruit de son désastre parlerait moins haut pour l'instruction des autres villes, que la vue des maux qu'elle endure. Cessez donc de penser que son exemple corrompra les autres villes : exemple terrible par l'anxiété cruelle dont il est suivi, et mille fois plus affreux que la destruction, pour les maintenir toutes dans le respect et dans la crainte.

Ah! ne prolongez pas les heures de notre angoisse ; laissez-nous respirer désormais. Châtier ceux qui relèvent de notre puissance, leur faire expier leurs crimes, est une chose d'une exécution prompte et facile ; mais épargner des rebelles, mais pardonner des attentats qui ne se pardonnent point, c'est un effort dont un seul homme ou deux tout au plus sont capables, surtout lorsque la personne outragée est un roi. Contenir une ville par la crainte, rien n'est plus aisé ; mais régner sur toutes par la bienveillance, leur inspirer l'amour de votre gouvernement, et les amener à faire en secret comme en public des vœux pour la prospérité de votre empire, voilà ce qui est difficile. Dispersez vos trésors, mettez en mouvement des troupes innombrables, ayez recours à toutes les ressources de la puissance, la conquête des cœurs ne sera pas aussi prompte, par cette voie, qu'elle le devient dans l'occasion présente. Tandis que les uns vont être gagnés par vos bienfaits, les autres le seront par le simple récit de votre clémence. De quelles richesses, de quels travaux n'achèteriez-vous pas la gloire d'acquérir en un instant l'univers entier, et le bonheur d'être assez maître de la volonté de tous les hommes présens, de tous les hommes à venir, pour que les tendres vœux dont leurs enfans sont l'unique objet se réunissent sur votre tête sacrée ?

Si telle est la récompense des hommes, songez combien sera grande celle que Dieu vous destine, non-seulement pour la bonne action que vous aurez faite aujourd'hui, mais encore pour toutes les autres dont elle sera le principe ! S'il arrivait (ce qu'à Dieu ne plaise !) un malheur pareil à celui que nous pleurons, si des princes outragés voulaient courir à la vengeance, votre modération leur servira de frein et d'avertissement ; ils rougiront de se montrer incapables de suivre votre exemple. Vous serez l'éternelle leçon des rois qui viendront après vous; et quand leur grandeur d'ame égalerait la vôtre, vous les aurez tous vaincus d'avance : autre chose est de laisser le premier l'exemple d'une si rare clémence, autre chose est d'imiter ce qu'on a vu faire; ils ne pourront montrer de l'humanité et de la douceur, que vous n'en partagiez avec eux la récompense; car les fruits que porte une racine immortelle sont dus à la main qui l'a plantée. Aucun d'eux n'aura droit à la récompense que votre humanité vous aura value aujourd'hui, puisque tout le mérite vous en appartiendra. Mais ils ne sauraient vous ressembler, que leur bonne action ne devienne la vôtre, de même que les vertus des disciples sont l'ouvrage des maîtres.

Et quand même vous resteriez sans imitateur, vos louanges ne cesseront de se renouveler d'âge en âge. Songez quel triomphe d'entendre tous les hommes s'écrier, après que vous aurez pardonné : Une grande ville était réservée au châtiment et à la vengeance ; tout son peuple frissonnait d'effroi; ses chefs, ses magistrats, ses juges saisis de crainte, n'osaient ouvrir la bouche en faveur de malheureux si désespérés, lorsque s'est présenté un vieillard, seul, mais appuyé sur le sacerdoce de Dieu; et dès le premier abord, avec des paroles simples, il a fléchi le fort et le puissant; ce que nul d'entre ses sujets n'a pu obtenir comme une grâce, un monarque invincible s'est fait un devoir de l'accorder à un vieillard, par respect pour les lois de Dieu!

Aussi, je ne craindrai pas de le dire, Antioche vous honore plus que vous ne pensez, grand empereur, en me choisissant pour une ambassade de cette nature; un tel choix fait votre gloire, puisqu'il atteste qu'au milieu des dignités humaines prosternées à vos genoux, la dignité de prêtre du Seigneur est la seule que vous révériez, quel que soit d'ailleurs notre peu de considération personnelle. Je ne viens pas au nom de vos sujets seulement; avant eux, c'est le maître commun des anges et des hommes qui m'envoie, afin que j'adresse à votre cœur doux et clément cette parole : *Si vous faites aux hommes la remise de leurs dettes, le père céleste vous remet-*

tra les vôtres. Souvenez-vous donc de ce grand jour où nous rendrons compte de nos œuvres, tous tant que nous sommes; songez que si vous-même vous avez failli, vous pouvez, par une sentence de grâce, effacer toutes vos fautes, sans sueurs (1), sans travaux. Les autres ambassadeurs ont coutume d'étaler ici de l'argent, de l'or et d'autres présens magnifiques; quant à moi, je me suis approché de ce trône, portant dans mes mains nos saintes lois pour unique présent; les voici: Je vous exhorte à imiter votre maître qui, outragé chaque jour, ne cesse de nous combler tous de ses largesses.

IV. Ne confondez pas notre espoir, et ne rendez pas vaines mes promesses. Car, je vous le déclare ici en présence de votre cour, si, touché de compassion, vous rendez vos bonnes grâces à Antioche, et si vous apaisez votre courroux, ce juste courroux, j'y retournerai avec assurance: mais si vous la rejetez de votre affection, non-seulement je n'y rentrerai pas, non-seulement je n'en reverrai plus le sol infortuné,

____

(1) Flavien fait ici allusion aux travaux de la pénitence canonique.

mais je la renoncerai pour toujours, et une autre cité deviendra ma patrie. A Dieu ne plaise que je sois compté au nombre des citoyens d'une ville à laquelle le plus doux et le plus humain des princes s'obstinerait à refuser la paix et le pardon !

A ce dernier cri du désespoir paternel, Théodose, vivement ému, laissa échapper ces immortelles paroles : « Est-ce donc un si grand effort de vertu que de pardonner à mes sujets, moi qui ne suis qu'un homme aussi bien qu'eux, lorsque je vois le maître souverain descendre sur la terre, emprunter la forme d'esclave par amour pour nous, être crucifié par ceux qu'il avait comblés de ses bienfaits, et adresser à son père cette prière pour ses bourreaux : Pardonnez-leur, ils ne savent ce qu'ils font ? Qu'y a-t-il de merveilleux si les serviteurs d'un commun maître se remettent mutuellement leurs offenses ? »

Flavien, pénétré de la plus vive reconnaissance, se prosterna et rendit grâces à l'empereur. Impatient de faire savoir à Antioche qu'elle était sauvée, il se fit devancer par des courriers, qui portèrent l'heureuse nouvelle avec une rapidité incroyable. A son arrivée le saint évêque fut honoré comme un ange de paix. Il eut même la consolation de retrouver encore sa sœur, à qui Dieu avait prolongé la vie jusqu'à son retour, et de recevoir ses derniers soupirs.

S. CHRYSOSTOME RÉPÈTE AU PEUPLE D'ANTIOCHE LA HARANGUE DE FLAVIEN.

(1) Le lendemain le prêtre Jean , surnommé depuis Chrysostome, parut dans la tribune chrétienne , et fit entendre sa voix éloquente ; il invitait, au nom de son évêque, le peuple fidèle à bénir le Seigneur , afin , leur disait-il, afin de relever la magnanimité de notre empereur, la sagesse de notre pontife , et pardessus tout la bonté prévenante de notre Dieu, je veux vous raconter une partie de cette mémorable harangue, qui nous a sauvés tous. Je ne ferai que vous répéter ce que j'ai appris de l'un de ceux qui se trouvèrent présens lorsqu'elle fut prononcée ; car notre vénérable père , jaloux , à l'exemple de saint Paul, de

(1) Voyez la **XXI.**^me homélie au peuple d'Antioche.

nous dérober la connaissance de ses mé-
rites, nous a refusé jusqu'au moindre détail;
en vain l'on témoigne le désir de savoir, de
sa propre bouche, ce qu'il a dit à l'empereur, comment il s'est insinué dans son
esprit, par quels moyens il a calmé sa colère; à toutes ces questions il n'a qu'une
réponse : « Je n'ai rien fait; l'empereur a
prévenu ma requête, Dieu avait amolli son
cœur, et toute sa colère s'était dissipée; il
a parlé de notre faute comme d'une offense
étrangère à sa personne : le calme et la
douceur respiraient dans tous ses traits; »
mais ce que sa modestie refuse de nous
révéler, Dieu l'a produit au grand jour.

Chrysostome leur exposait ensuite les
motifs sublimes qui avaient déterminé le
saint vieillard à se dévouer pour son troupeau; il les attendrissait par le récit des fatigues et des anxiétés de son long voyage,
et le faisait enfin paraître devant l'empereur, de la manière que nous avons rapportée. Sans doute que la reconnaissance
des auditeurs ne fut pas équivoque; sans
doute qu'elle se manifesta par des accla-
mations, des soupirs et des larmes. Le souvenir tout récent de leurs maux leur fit

apprécier et sentir jusqu'à la moindre parole du plaidoyer qui leur rendait la vie.

On ne saurait dire jusques à quel point le
génie de Chrysostome amplifia les idées de
Flavien ; mais on ne peut trop admirer le
naturel avec lequel il représente le person-
nage qu'il s'est imposé. Le besoin de se
mettre en rapport avec son auditoire aurait
pu lui faire oublier qu'il parlait à Théodose ;
cependant il n'y a pas un mot dans cet admirable discours qui ne soit pour l'empereur. On n'entend que Flavien, on ne voit
que Théodose ; l'illusion est si complète
qu'au sortir du temple chacun pouvait dire
avec vérité : « J'étais présent à l'entrevue
de Flavien avec l'empereur ; venez que je
vous raconte ce qui s'y est passé. » Au reste
le cœur de Chrysostome, bien plus encore
que son génie, lui rendait facile le rôle
qu'il se chargeait de remplir. La sagesse et
la charité avaient inspiré cette harangue ;
elles ne faisaient que la répéter par sa
bouche. Sans y songer il a laissé à tous les
princes de tous les siècles, le plus beau traité
de clémence qu'on puisse leur mettre sous
les yeux, et à tous les orateurs évangéliques
un modèle accompli de l'art sublime de

calmer les passions et d'y substituer des sentimens célestes.

ANALYSE ORATOIRE DU DISCOURS DE FLAVIEN.

Il ne suffit donc pas d'avoir observé le raisonnement serré et pressant qui compose le fond de ce discours; la sublimité, la profondeur, la justesse, la convenance, l'enchaînement et l'irrésistible progression des preuves frappent l'esprit à coups redoublés et le forcent de convenir de cette vérité : « Je dois pardonner. » Mais comment Flavien est-il venu à bout de faire dire au cœur : « Je veux pardonner? » C'est ce qu'il ne sera pas inutile d'examiner. Entrons dans le développement oratoire de chaque syllogisme, étudions l'orateur dans tous ses mouvemens, voyons le parer la vérité des charmes du sentiment et des couleurs de l'imagination, sans que jamais ces charmes et ces couleurs distraient de l'attention qui n'est due qu'à la vérité; en d'autres termes, admirons comment la parole est toujours pour la pensée, et la pensée pour la vérité et la vertu, et nous aurons arrêté quelques instans nos regards sur une image de la véritable éloquence.

EXORDE.

EXORDE.

Si l'art de persuader consiste à faire paraître les choses telles qu'elles nous paraissent ; s'il faut en faire une vive image, une
image semblable à celle que nous avons dans
l'esprit, afin que ceux qui la voient aient
les mêmes idées que nous, et qu'ils conçoi-
vent pour elles les mêmes sentimens ,
Flavien pouvait-il mieux débuter que par
cet exorde muet et pathétique , dont , par
une secrète sympathie , l'ame de Théodose
est d'abord saisie et captivée ?

C'est d'après une pareille connaissance du
cœur humain que l'on voit agir d'une manière à peu près semblable le pieux Néhémias, à la cour du roi Artaxercès. Il apprend
que ses frères de Jérusalem sont dans l'hu-
miliation et la détresse, les murailles de
la cité sainte renversées et les portes
consumées par le feu. « A cette nouvelle ,
nous dit-il, je m'assis et je pleurai, et je priai
le Dieu du ciel afin qu'il daignât me faire
trouver grâce devant le roi ; or j'étais
son échanson. Un jour donc qu'Artaxercès
était à table , je remplis la coupe et la lui

présentai, *et j'étais devant lui languissant et abattu.* Le roi me dit : Néhémias, pourquoi, sans être malade, avez-vous le visage triste ? Votre cœur a quelque peine que j'ignore. Je fus saisi de crainte, et je répondis : Grand roi ! vivez éternellement ! Pourrais-je ne pas avoir le visage triste, lorsque la cité où reposent les cendres de mon père est déserte, et que le feu en a consumé les portes ? Et le roi continua : Que désirez-vous obtenir ? Alors je priai le Dieu du ciel, et je dis au roi : Si votre majesté l'approuve, et si votre serviteur a trouvé grâce en votre présence, envoyez-moi en Judée, vers la cité de mon père, et je la rebâtirai. Le roi et la reine me dirent ensemble : Mais quand reviendrez-vous ? votre voyage sera-t-il bien long ? Néhémias leur fixa une époque, et partit. »

Sans nous arrêter à faire remarquer l'éloquente naïveté de ce récit, Néhémias et Flavien n'ont-ils pas découvert ces avenues secrètes de l'esprit humain, ces routes naturelles qui mènent droit au cœur ?

PREMIÈRE PARTIE,

OU : COMMENT CALMER LE CŒUR?

En effet, comment eût-il été possible à Flavien, même avec les excellentes raisons dont il s'était muni d'avance, d'entrer en matière sous des auspices favorables; et comment prononcer le nom d'Antioche et de pardon, sans s'exposer à révolter le prince dont il ne connaissait pas les dispositions secrètes? L'image d'Antioche, ingrate et rebelle, aigrit son cœur, et voilà que cette même ville lui apparaît humiliée et repentante. A cette vue l'amour paternel se réveille, malgré la colère qui voudrait l'étouffer. Le repentir, mais un repentir filial, se défend par des soupirs et des sanglots; il ne dispute pas avec la colère, il l'apaise en lui offrant plus qu'elle ne demande, il la désarme par une concession, qui ne laisse pas même place à la vengeance. Il la prévient, et s'écrie pour elle : Frappez, exterminez, votre justice est trop lente pour mon crime; moi-même je suis déjà mon exécuteur et mon bourreau; voyez comme le remords punit mon ingratitude;

le malheur ordinaire conserve du moins l'espérance ; le mien est tel que , jusqu'à l'espérance , j'ai tout perdu. Maintenant que le père de la patrie est contre moi , qui sera pour moi ? Je me suis redressé avec insolence contre celui que le monde entier révère , et si l'on demande au monde entier : Antioche doit-elle vivre ou mourir? La voix du monde soulevé répondra : Qu'elle meure. Un seul homme pourrait m'absoudre , et cet homme je l'ai outragé !

Mais peut-il m'absoudre? le doit-il ? Je conviens moi-même que la faute ne mérite aucune rémission. Ah ! quel est le malade, même le plus désespéré , qui, à la vue du médecin, ne s'efforce de lui prouver par des exemples que son mal n'est pas sans remède, et mérite compassion ? Cette idée touchante sert de transition à ces exemples, et amène un glorieux parallèle entre Dieu et le prince. La conduite de Dieu sur ses créatures ingrates est présentée à Théodose comme un miroir où il voit, sans qu'on le lui dise, la conduite que lui-même il doit tenir envers ses sujets, et ce n'est qu'après cette préparation que le repentir, empruntant le langage de la foi, se permet d'ajouter : et vous aussi, faites de même ; l'exemple serait-il indigne de vous ?

L'homme rebelle à son Dieu, l'homme rebelle à son roi, et cette double rébellion, montrée comme partant du même principe, produisant des effets pareillement déplorables, et méritant une égale compassion , telle est l'idée qui sert de fondement à ce parallèle ; idée vraie, idée sublime que le christianisme seul pouvait donner. Et ce principe commun de rébellion, quel est-il donc ? N'est-ce pas des deux côtés l'orgueil qui s'emporte et s'écrie : Liberté, égalité ! Or quel est le père de l'orgueil, sinon le démon , dont la haine immortelle poursuit l'homme dans le lieu de son exil, avec le même acharnement que dans le délicieux séjour d'Eden ? Ennemi de Dieu , il voudrait renverser l'ordre établi par ce maître souverain. Ennemi de l'homme , il s'efforce d'abréger encore la vie qu'il lui a déjà rendue si courte ; il pousse le sujet contre le prince, il arme le prince contre le sujet ; plus il les voit unis par le respect et l'amour, plus il s'efforce de les séparer et de les mettre aux prises, parce qu'il prévoit que de ce conflit mutuel naîtront les violences, la ruine, la mort, objet de tous ses vœux. Si donc se révolter contre le roi c'est se révolter contre Dieu, est-il étonnant que le démon influe d'une manière active sur les troubles et les séditions; et si ce double crime de lèse-majesté divine et humaine est enfanté par la même cause, serons-nous surpris que l'on ait cessé de respecter les rois de la terre, ces vivantes images du Roi du ciel ?

Le style de cette première partie est dans une parfaite harmonie avec le sentiment qui y domine. Comme l'émotion de l'ame respire, dès le commencement, dans ces paroles traînantes, et, pour ainsi dire, grosses de soupirs ; dans cette accumulation de termes énergiques et de tours passionnés qui renchérissent à l'envi sur l'idée que le prince a voulu donner de sa bonté, et par lesquels le coupable se hâte de prouver qu'il sent toute la noirceur de son ingratitude, et que son repentir est celui d'un fils bien né, que la disgrâce désole beaucoup plus que le crime ne l'épouvante ; sentiment noble et délicat, qui ressort par le frappant contraste entre le malheur d'Antioche en proie aux barbares, mais aimée de son prince, et le malheur de cette même Antioche, tranquille du côté de l'ennemi, mais sous l'anathème du père de la patrie! Images lugubres, traits déchirans, sombre perspective, attente formidable, tout, dans ce tableau, paraît tracé par la main égarée du désespoir.

Le premier membre du parallèle suivant est présenté sous un choix d'idées et d'expressions toutes allégoriques; les priviléges d'Antioche, sa primauté de juridiction, la beauté de son territoire, se voient d'avance dans les prérogatives, la place d'honneur et l'heureux séjour du premier homme.

Quant au second membre, l'expression est d'une bienséance qui voile tout ce que l'application pouvait avoir de peu respectueux. S'agit-il de faire entendre à Théodose que, s'il s'abandonne à sa colère, il servira d'instrument à la rage des démons? Ce qu'ils désirent depuis long-temps, lui dit-il, vous l'aurez accompli. Remarquez encore cette gradation insinuante qui montre le pardon, d'abord comme possible, ensuite comme agréable à Dieu, enfin comme juste, puisque Antioche moins

aimée eût été moins coupable, et que
l'amitié du prince est la cause de son malheur.

DEUXIÈME PARTIE,

ou : COMMENT CALMER L'IMAGINATION ?

Il y a donc une espèce de cruauté dans
les reproches que Théodose adressait tout
à l'heure à Antioche, lorsqu'il se plaignait
d'avoir été plus outragé qu'aucun des rois
ses prédécesseurs : tel est le passage délicat et insensible à la seconde partie. L'o-
rateur, après avoir adouci le cœur du prince,
veut calmer et guérir son imagination qui
lui représente ses statues renversées, défigurées, traînées dans la boue, et avec
elles, la majesté royale avilie, foulée aux
pieds. Un nuage de tristesse voile encore
le front de Théodose ; Flavien se hâte de
le dissiper par une suite de ravissantes
images, dont l'éclat pur et céleste doit
produire sur l'ame la même impression
que la sérénité d'un beau jour sur un malade, que de noires humeurs tourmentent.
L'imagination lui fait envisager son honneur flétri par l'outrage, la sagesse lui re-

présente qu'il est en son pouvoir de le
faire briller d'un nouveau lustre ; l'imagination lui découvre ses statues abattues
par la fureur, la sagesse les lui fait voir
relevées par la reconnaissance, inaugurées
dans tous les cœurs, devenues vivantes et
immortelles. Quelle mélodie dans ce dernier morceau, on croit entendre Massillon
répéter ces pénétrantes paroles : « Les
pères raconteront à leurs enfans le bonheur qu'ils eurent de vivre sous un si bon
maître ; ceux-ci le rediront à leurs neveux,
et ce souvenir, conservé d'âge en âge, deviendra comme un monument domestique,
qui perpétuera la mémoire d'un si bon roi
dans tous les siècles. »

A cette promesse d'un glorieux avenir,
Théodose peut entrer en défiance et se
dire à lui-même : on oubliera ma clémence
comme déjà on a oublié mes autres bienfaits. Aussitôt Constantin est pris à témoin,
Constantin dont une seule parole de bonté
aurait suffi pour éterniser la mémoire.
Elle est rapportée, cette parole, avec une
naïveté qui lui prête une force merveilleuse ; on s'imagine assister à cet entretien
du prince et des courtisans. Plus l'accu-

sation paraît noire et chargée, plus la réponse paraît noble et calme; on sent une ame fière et grande, que l'insulte ne saurait atteindre. Théodose ne devait-il pas être doucement ému de ce concert de louanges et de bénédictions, qui seul traverse les siècles, retentit d'âge en âge, ravit tous les cœurs et monte jusques aux cieux, tandis que les clameurs insensées de la victoire se taisent étouffées par la haine, le ressentiment et la douleur. « Car nous ne pouvons mettre les hommes dans les intérêts de notre gloire que par nos bienfaits; les grands exploits qui nous élèvent au dessus d'eux, et qui ne font rien à leur bonheur, les éblouissent sans les toucher; les louanges que nous donnons aux autres se rapportent toujours par quelque endroit à nous-mêmes. Non, disait un orateur évangélique au petit-fils d'un autre Théodose, un prince qui n'a eu que des vertus militaires n'est pas assuré d'être grand dans la postérité; il n'a travaillé que pour lui et n'a rien fait pour ses peuples. On dispute encore aujourd'hui à l'un de vos plus vaillans prédécesseurs les magnifiques éloges que son siècle lui donna à l'envi ; et malgré la gloire de Marignan , on doute si sa valeur doit le faire compter parmi les grands rois qui ont occupé votre trône ; et avec moins de ces talens brillans qui font les héros , et plus de ces vertus pacifiques qui font les bons rois , son pré- décesseur sera toujours grand dans nos histoires , parce qu'il sera toujours cher à la nation, dont il fut le père. » Quel plus digne commentateur de Flavien que Massillon !

Entraîné par une illusion si douce , Théodose est sans doute flatté de mériter la gloire de Constantin ; sans doute que ce noble sentiment s'élève dans son ame : et nous aussi, faisons-nous aimer et bénir ; mais afin que ce sentiment devienne une résolution irrévocable , l'adroit orateur saura lui faire une espèce de point d'hon- neur d'y être fidèle. Sans d'abord nous dé- couvrir sa marche , il paraît n'avoir pour but que de rapprocher l'une de l'autre deux paroles mémorables, lorsque Théodose se voit tout à coup engagé à se montrer semblable non - seulement à Constantin , mais à lui-même , sous peine de flétrir sa gloire en rétractant une pensée généreuse.

Telle est la force du raisonnement de Flavien, bien qu'il soit adouci par l'expression toujours respectueuse, et présenté sous l'attrait d'un éloge flatteur. Et quelle est-elle, cette parole? ne craignons pas de la répéter : *Plût au ciel que je puisse faire entendre ma voix aux morts, les rappeler du tombeau et les rendre à la vie !* parole qui vivra pour sa gloire, s'il la confirme dans l'occasion présente ; ou pour sa honte, s'il la rétracte : souhait magnanime qui va l'élever au rang de la divinité, s'il l'accomplit, sinon le replonger aux yeux de tout l'univers parmi les hommes faibles et inconstans ; qu'il décide si réellement son cœur y eut quelque part. Mais suis-je Dieu, pour rendre la vie aux morts (1)? « Oui, pouvait ajouter Flavien, vous êtes Dieu ; le titre auguste de divinité visible et terrestre fut donné aux rois, non parce qu'ils peuvent d'un homme pauvre en faire subitement un homme riche, mais parce que Dieu seul et le roi disposent de la vie des hommes, le premier, avec une autorité souveraine ; le second,

____

(1) Thémistius à Théodose.

avec une autorité d'emprunt , mais qui n'est pas moins réelle ; il donne la vie à l'innocence lorsqu'il la protége et la conserve ; il donne la vie au crime lorsque le crime ayant mérité de la perdre , il daigne la lui prolonger. » Souvenez - vous donc que vous êtes Dieu , souvenez-vous de votre promesse. Elle n'est que d'hier : l'auriez-vous déjà oubliée ? Le prince n'est plus libre de refuser, et son ame attendrie répète tout bas : mais ces morts, où sont-ils ? Abaissez vos regards sur Antioche , ses enfans n'ont plus droit à la vie ; ils sont morts avant que leur sentence soit portée, morts par la crainte, morts par les angoisses qui leur rendent la prolongation de leur existence mille fois plus amère que n'en serait la fin. La ville entière a ses tentes aux portes de l'enfer, ressuscitez-la donc maintenant. Ce dernier mot *vue* trois fois répété avec intention , insiste d'une manière touchante. Avec quelle adresse tous les termes dont se compose le souhait du généreux prince sont tour à tour appliqués à la ville infortunée : *ressuscitez-la , rappelez-la , relevez-la !* N'est-ce pas rendre le refus impossible que de représenter

qu'il ne faut ni temps , ni peine , ni dé-
pense ; mais une seule parole ? peut-on
relever plus haut le mérite de cette résur-
rection qu'en montrant qu'elle n'est pas
de ces œuvres vulgaires que tous les
princes peuvent accomplir ? Ils ont re-
poussé les ennemis extérieurs loin d'Antioche, mais que Théodose repousse, mais
que Théodose étouffe sa propre colère,
qui va dévorer cette malheureuse ville, il
se vaincra lui-même, victoire éclatante que
lui demande son honneur.

C'est peu, l'honneur du christianisme lui
en fait un devoir. Ici, l'envoyé de Jésus-
Christ reprend la place du député, résume
en trois mots les motifs précédens, et propose au prince cette nouvelle alternative :
« Voulez-vous que Dieu soit loué ou maudit ? » Ne vous semble-t-il pas voir la piété
de Théodose se troubler et pâlir lorsqu'elle
est mise en présence des Juifs, des gentils,
des barbares eux-mêmes dont les regards
impatiens l'interrogent et lui disent: Bientôt nous connaîtrons si toi-même tu ac-
complis la loi de cette religion que tes édits
veulent nous imposer ; nous saurons si tu
obéis à ses préceptes de clémence. Mais

surtout combien vives doivent être ses alarmes lorsqu'elle entend toute la terre pousser vers le ciel un hymne de louanges, que son refus changerait en blasphèmes contre le Dieu qu'elle révère !

TROISIÈME PARTIE ,

OU : COMMENT CALMER LA RAISON ?

Mais si le cœur amolli ne trouve plus de douceur dans la vengeance, si l'imagination calmée distingue le faux honneur d'avec le véritable , la raison , armée du faux intérêt , oppose une résistance opiniâtre ; la sûreté du trône lui paraît compromise par la révolte ; et le prince , quelque désir qu'il ait de sacrifier la justice à la miséricorde , ne peut s'empêcher d'écouter une voix qui lui répète sans cesse : *Les intérêts de votre couronne exigent que vous punissiez.* Ici Flavien aurait peut-être pu faire usage de l'argument qu'emploiera Libanius , et représenter humblement à l'empereur que les principaux moteurs du désordre ayant porté la peine de leur crime , une plus grande rigueur devenait superflue, pour ne pas dire cruelle. Mais le repentir ne dis-

pute pas ; il craindrait de se montrer contraire à ce qu'il a paru d'abord : il se re-
met donc sous les yeux du prince, et dé-
roule de nouveau le noir tableau de ses
infortunes.

Sur le devant du tableau apparaît Antioche prosternée aux pieds de son juge ,
levant au ciel des mains suppliantes, réduite à l'agonie du désespoir. Plus loin ,
derrière elle , on aperçoit des traces san-
glantes ; ses enfans chassés par l'épouvante,
comme par un vent impétueux, se hâtent
vers le désert, et le désert les dévore ;
ceux qui restent autour d'elle, la terreur les
enchaîne et les tue. Les autres villes s'approchent et frémissent à la vue des maux
que leur métropole s'est attirés par son
crime ; cette maîtresse naguère si orgueil-
leuse leur dit à toutes : Qui d'entre vous
ne tremblera pas ? apprenez par mon exemple à respecter les dépositaires du souverain pouvoir. Puis, se retournant vers son
juge elle , s'écrie : Voyez si maintenant je
dois être pour vous un objet d'alarme ou
de pitié : tant d'innocens pâtiront-ils pour
les coupables ? Ah ! ne prolongez pas les
heures de notre angoisse ! A ce cri perçant

de

de la détresse, Théodose voyait sans doute
s'évanouir de sa pensée ce prétexte si spécieux : les intérêts de ma couronne exigent que je punisse. Telle est l'impression
qui résulte de cette suite d'hypotyposes si
vives, si énergiques. Partout la couleur du
style convient aux idées ; choix des termes,
place des mots, coupe des phrases dont
les membres, tantôt semblent tomber l'un
sur l'autre et se traîner avec effort, tantôt
s'embarrassent avec la suite ou deviennent
rapides comme elle ; contrastes frappans et
bien ménagés, rien d'exagéré, rien de
forcé, rien qui ne contribue puissamment
au pathétique. Quelquefois c'est le sentiment et le naturel qui respire dans ces
vers d'une si attendrissante mélancolie :

> Ainsi de cris et d'alarmes
> Mon mal semblait se nourrir ;
> Et mes yeux, noyés de larmes,
> Etaient lassés de s'ouvrir.
> Je disais à la nuit sombre :
> O nuit ! tu vas dans ton ombre
> M'ensevelir pour toujours ;
> Je redisais à l'aurore :
> Le jour que tu fais éclore
> Est le dernier de mes jours.

ROUSSEAU.

5

Flavien n'avait donc pas besoin, comme le rapporte Sozomène, de faire exécuter par la musique du prince, et pendant son repas, les chants de deuil dont Antioche se consolait aux jours des calamités publiques; les seuls accens de sa voix partaient d'une ame pénétrée, et retentissaient tous au cœur de Théodose.

Avec quel art infini, après lui avoir prouvé que la vengeance est superflue, il lui montre qu'elle serait dangereuse ! Voulez-vous régner sur des esclaves ou sur des enfans ? voulez-vous être le tyran ou le père de vos peuples? Choisissez entre la crainte ou l'amour. Ce nouveau raisonnement, Flavien, à son ordinaire, l'introduit dans l'ame par le sentiment le plus doux et le plus flatteur, et l'offre sous les images les plus séduisantes. « Quelle félicité pour un souverain de regarder son peuple comme sa famille, ses sujets comme ses enfans ; de compter que leurs cœurs sont encore plus à lui que leurs personnes ! La gloire des conquêtes et des triomphes a-t-elle rien qui égale ce plaisir ? Peut-on laisser aliéner des cœurs que l'on peut gagner à si bas prix ? Mais de plus, si la gloire des conquérans

vous touche , commencez par régner sur
les cœurs de vos sujets : cette conquête
vous répond de celle de l'univers (1). »
Cette dernière pensée est vivement rendue
par Flavien ; le sentiment donne à ses paroles un tour que la traduction doit conserver sous peine d'en affoiblir l'impression.
Que l'on dise avec le dernier traducteur de
Flavien : « A quel prix n'achèteriez-vous
pas l'avantage de devenir en un instant le
maître de l'univers et de persuader à tous
les hommes présens et à venir de faire pour
vous les vœux qu'ils font pour leurs enfans ! » on ne démêlera pas dans cette phrase
quel est l'objet principal vers lequel se
porte le sentiment, et quel est celui qu'il
veut faire dominer. Suivons l'ordre suggéré
par la nature et disons : « De quelles richesses, de quels travaux n'achèteriez-vous
pas la gloire d'acquérir en un instant l'univers entier, et le bonheur d'être assez maître de la volonté de tous les hommes présens, de tous les hommes à venir, pour
que les tendres vœux, dont leurs enfans sont
l'unique objet, se réunissent sur votre tête

(1) Massillon.

sacrée! » Le sens est suspendu jusqu'au dernier mot, qui doit ressortir comme le but vers lequel se dirigent tous les vœux. Rien de plus flexible que le langage ; il faut l'accoutumer à conserver les idées à la place qu'exige la nature, c'est-à-dire l'intérêt, le sentiment et l'imagination. Cette marche est non-seulement celle des auteurs grecs et latins, mais encore de tous ceux qui, parmi nous, ont pris les anciens pour modèles. Qu'on ouvre Massillon, Fénélon, surtout Bossuet ; on en trouvera de nombreux exemples.

Ce trône de gloire, sur lequel l'amour des hommes portera l'empereur, n'est qu'une faible image de celui qui lui est préparé dans le ciel. Comme il n'y a de méritoires pour l'autre vie que les œuvres qui ont la foi pour principe, Flavien finit toujours par s'adresser à la conscience de Théodose, et le fait souvenir de ses intérêts éternels. Un grand exemple qui formera une succession de vertu et de crainte du Seigneur sera magnifiquement récompensé dans le ciel ; or la bonne action que j'attends de votre religion sera un grand exemple donné aux rois et aux peuples : « Les vertus des hommes du commun meurent avec eux ; leur mémoire périt avec leur personne ; mais vous, prince, vous êtes de tous les siècles ; votre vie, liée avec les monumens publics, passe avec eux d'âge en âge. » Les paroles de Flavien, comme celles de Massillon, deviennent des paroles de vie et d'immortalité ; il voit la clémence de Théodose dans toute la suite des siècles ; c'est un fleuve de paix dont il nous montre l'heureux cours ; la terre est arrosée de ses eaux ; elle germe de toutes parts ; elle se couvre de fruits délicieux, et reconnaît qu'elle serait demeurée stérile sans la source bénie qui lui verse la fécondité. Les rois des siècles à venir sont présentés à Théodose comme ses imitateurs, comme ses disciples ; toutes leurs vertus seront son ouvrage et ne cesseront d'ajouter des fleurons nouveaux à sa couronne. « Que de gloire, que de splendeur ! quelle émulation que de laisser des exemples qui deviennent les monumens publics de sa clémence et de sa vertu ! Quoi de plus grand que d'être né pour le bonheur des siècles à venir, que de sauver d'avance toutes les villes qui auraient le malheur d'imiter Antioche, que d'inspirer par un éclatant exemple une vénération profonde par la religion ? »

Honorée par les grands de la terre, la religion paraît plus grande encore, dit Massillon. Quelle est la nation, quel est le particulier qui ne se glorifiera de fléchir le genou devant un ministère que le plus grand des potentats honore d'une crainte respectueuse ? Idée imposante qu'une magnifique période développe dans tout son éclat. L'œil surpris découvre d'abord une grande ville sous le glaive, tout son peuple glacé de terreur, ses magistrats, son gouverneur, ses juges, tous ceux qui ont coutume de faire trembler les autres, aujourd'hui muets et tremblans. Que va-t-elle devenir ? qui se présentera pour la sauver ? Alors on voit s'avancer un vieillard, seul, isolé, sans appui visible et apparent. Quel contraste ! lui, oser ce que ne peuvent ceux qui ont la force en main ! lui, prétendre désarmer le maître de la terre, le fort par excellence, le puissant ; quelle témérité ! Mais quoi ! il paraît, et déjà son aspect adoucit le monarque ; il parle, et la colère s'est évanouie. D'où vient un si merveilleux changement ? Et ne comprenez-vous pas que ce vieillard si humble et si foible est revêtu de la force d'en haut! il est appuyé sur le sacerdoce de Jésus-Christ; un caractère sacré brille sur son front, et le glaive s'abaisse devant la majesté de celui que Flavien représente. Tel est l'effet que produit à l'oreille et à l'imagination cette suspension frappante, effet qui est perdu si la phrase française ne se modèle et ne se moule en quelque sorte sur la phrase grecque.

La religion ainsi honorée par Théodose sera-t-elle ingrate ? Non, elle tient dans sa main une couronne de gloire qu'elle va déposer sur sa tête ou retirer pour toujours, qu'il choisisse. Que dis-je? s'il balance elle va s'armer de la foudre ; assez long-temps elle s'est abaissée au rôle de suppliante ; elle relève son front majestueux et se prépare à intimer ses commandemens. Ici l'homme disparaît, le pontife reste seul, et en sa personne toute la religion. Etablie médiatrice entre Dieu et les rois de la terre, cette fille du ciel a bien voulu pour quelques instans se charger d'une médiation inférieure entre un homme et d'autres hommes ; et certes, tout roi qu'il est, il doit se tenir honoré de cette condescendance.

et la regarder comme une faveur que la religion lui accorde, à cause de la vénération qu'elle lui connaît pour les ministres de ses autels. Jusqu'ici il a passé pour en être le protecteur le plus dévoué; cette glorieuse réputation qui lui a mérité une ambassade céleste, voudra-t-il la démentir? Osera-t-il refuser l'envoyé de Dieu lui-même? Ses titres ainsi établis sans fierté, sans arrogance, mais avec noblesse et majesté, le représentant du maître des anges et des hommes intime ses ordres et répète, sans y rien changer, les propres paroles de celui au nom duquel il s'est approché du trône. *Si vous faites aux autres la remise de leurs dettes, le père céleste vous remettra les vôtres.* Aussitôt, afin de donner un plus grand poids à ses paroles, il le cite au tribunal suprême d'où elles émanent; la sentence qu'il va porter, par un juste retour deviendra la sienne; il sera jugé comme il aura jugé les autres, et s'il était tenté de douter encore, qu'il reconnaisse le sceau de ce juge immortel dans le livre de la loi qu'il lui présente : voilà les dons que fait la religion. Néanmoins, toujours tendre, elle mêle à ces foudroyans avis des formes affectueuses , des tours délicats qui en tempèrent l'amertume. Quelle merveilleuse alliance de la force et de la douceur , de la majesté et de la modestie ! quel heureux accord de tous les genres de bienséances !

Mais quel ressort et quelle énergie dans ce mouvement sublime par lequel Flavien transporte l'empereur aux pieds du juge suprême ! Qui ne serait saisi de crainte à la vue de cet arbitre incorruptible, dont les récompenses et les châtimens sont éternels comme lui ? C'est à l'aide d'un mouvement semblable que saint Paul, chargé de fers , faisait trembler le proconsul Félix au milieu de ses gardes , et jusque sur son tribunal. C'est en étalant ce formidable appareil que Massillon sut imprimer un mouvement de terreur si vif, si spontané , si profond, que tout un peuple saisi, soulevé par le même sentiment, se crut transporté en présence de Jésus-Christ et poussa un cri d'alarme.

Cicéron a bien pu, en frappant l'imagination de César du souvenir d'un péril passé, faire tomber la sentence de Ligarius, que ce vainqueur irrité tenait à la main ; mais il n'appartient qu'à l'orateur évangélique de renouveler des triomphes semblables à celui que remporta Massillon ; lui seul a droit de lancer la foudre et de faire trembler le monde entier comme un seul homme (1) ; la vérité, dont il est l'interprète, l'investit de la toute-puissance de Dieu lui-même.

Le style, toujours d'une convenance parfaite, a un ton, une vigueur qui étonnent et frappent à coups redoublés. Ce ton et cette vigueur résultent surtout de la place des mots et de la coupe des phrases ; c'est ce que je me suis efforcé de faire sentir, en conservant l'ordre énergique du grec.

PÉRORAISON.

A cette couleur forte succède bientôt une teinte plus douce. Flavien a poursuivi la raison du prince jusque dans ses derniers retranchemens ; il finit par un appel à sa bonté : *Ne confondez pas notre espoir.* Quand le saint évêque partit d'Antioche,

(1) . . . . Quo maxima motu
Terra tremit ; fugêre feræ et mortalia corda
Per gentes humilis stravit pavor. . . . .

il n'y eut personne qui ne se crût sauvé, tant était vive la confiance que l'on avait dans sa vertu. *Ne rendez pas vaines mes promesses;* je me suis dévoué pour mon troupeau; j'ai promis, au nom de la religion, de le sauver. Honorez mon ministère, afin que je puisse m'en retourner avec assurance, et que je n'aie pas la douleur d'entendre les païens s'écrier : Où est leur Dieu? *Apaisez votre courroux, ce juste courroux;* quelle adresse et quelle force dans cette seule épithète! plus elle rehausse le mérite du sacrifice de Théodose, plus elle le rend facile à sa générosité. Enfin quoi de plus tendre, quoi de plus déchirant que ce dernier cri du désespoir paternel, cri d'égarement et de détresse, qui se refuse à l'analyse, et dont l'effet est de faire dire à Théodose : Je serais bien cruel si je réduisais ce vénérable vieillard à traîner ses vieux jours dans l'exil et dans la douleur.

QUELLE EST LA PRINCIPALE SOURCE DE L'ÉLOQUENCE DU DISCOURS DE FLAVIEN?

L'empereur était vaincu; son émotion se peignit dans tous ses traits, et sa réponse prouva qu'il exauçait dans Flavien l'envoyé de Jésus-Christ, plutôt que le député d'Antioche. Il eut même honte de s'être fait prier si long-temps, et s'écria : Est-ce donc un si grand effort que d'être humain et miséricordieux ?

Oh non ! Flavien lui avait fait une si douce violence, il lui avait montré la clémence si juste, si glorieuse, si avantageuse ! hélas ! il sentira plus tard combien il est difficile de se vaincre soi-même. Thessalonique aura un Ambroise pour la venger, mais elle cherchera vainement un Flavien pour la défendre ; elle n'aura pas un avocat qui, prenant en main ses intérêts avec tout le zèle de tendresse que la nature inspire à un père pour ses enfans, exprime ses douleurs, ses regrets, son repentir avec une vérité si parfaite. Or, tel est le premier caractère qui domine dans Flavien.

Mais où avait-il appris ce premier secret de l'éloquence, que pour toucher il faut être touché soi-même ? dans le sein même de la charité chrétienne, qui seule sait accomplir cette maxime : *Homo sum, humani nihil à me alienum puto.*

Où avait-il puisé cette profonde connaissance du cœur humain, qui lui en fait découvrir les avenues les plus secrètes? à l'école de la philosophie chrétienne, qui, la première, acheva de révéler le cœur de l'homme.

Et ce respect pour la puissance, respect exprimé par des bienséances si délicates, qui en avait pénétré son ame? la philosophie chrétienne, qui seule apprend à connaître et à remplir également tous ses devoirs, à ne pas violer celui-ci sous prétexte d'accomplir celui-là, à les sentir, à les respecter, à les remplir tous, sans négligence et sans exagération.

Et ces vues surnaturelles qui, vivement proposées à l'intelligence, excitent dans l'ame des sentimens célestes? C'est ici le triomphe de la philosophie chrétienne; à elle seule appartient d'élever l'ame au dessus d'elle-même, et de la tenir dans une région supérieure, où de nouveaux objets la frappent, la saisissent et la détachent de tout ce qui est terrestre et passager. A elle seule fut donné de recomposer le cœur, en y laissant les divines impressions de la foi régénératrice; elle seule enfin a le pouvoir de créer dans l'homme ce qui n'y est point, d'agrandir et d'exalter toutes les puissances de son ame. C'est du cœur que partent les grandes pensées, mais c'est Dieu qui dilate le cœur ; le sublime est le son que rend une grande ame ; mais Dieu seul peut élever l'ame et l'agrandir. Soutenu par l'inspiration toute-puissante de la religion, Flavien s'est élevé à une hauteur inconnue, je ne dis pas à Libanius, mais à Cicéron lui-même dans ses immortelles harangues à César victorieux.

PLAN DU DISCOURS DE FLAVIEN, TRACÉ PAR HOMÈRE.

Néanmoins si la philosophie profane se reconnaît incapable de produire un caractère d'éloquence tel que celui que nous venons de contempler, il serait injuste de lui envier la gloire de l'avoir entrevu, et même d'en avoir tracé une étonnante esquisse. Oui, je retrouve tout le plan de la harangue de Flavien, deviné d'avance par le génie ; et je ne puis me représenter l'orateur chrétien agissant et parlant, sans que mon imagination ne soit frappée du souvenir d'une scène religieuse décrite par

le père des poëtes. Il me semble reconnaître, dans la vénérable personne du pontife
d'Antioche, ces filles du ciel, que le sublime pinceau d'Homère nous fait voir boi-
teuses, ridées, n'osant regarder en face,
se hâtant péniblement sur les pas de l'injure, implorant la grâce du coupable, s'a-
dressant tour à tour au cœur, à l'imagination, à la raison; puis relevant leur auguste
front courbé dans la poussière, et faisant
ressouvenir le mortel inflexible que leur
mission est divine; que s'il refuse leur médiation, leur père, qui est dans l'Olympe,
les vengera, en attachant l'injure à sa pour-
suite.

« Les prières, disait Phénix, les prières
sont filles du grand Jupiter. Le front chargé
de rides, levant à peine un humble regard,
elles se traînent d'un pas chancelant sur
les traces de l'injure. Vigoureuse, agile,
impétueuse, l'injure les devance toutes de
bien loin; elle court par toute la terre,
frappant les hommes. Les prières viennent
après guérir les maux qu'elle a faits. Ces
filles du ciel protégent celui qui les accueille et les honore; elles prêtent l'oreille
à ses vœux; mais si quelqu'un, sourd à leur
voix, les repousse avec obstination, elles

montent vers le fils de Saturne qu'elles implorent, afin que l'injure, s'attachant aux pas de ce barbare, lui fasse expier son crime. »

Une telle conception est admirable sans doute; mais cette allégorie céleste, le christianisme seul pouvait la réaliser.

LIBANIUS SE PROPOSE DE PLAIDER DEVANT THÉODOSE LA CAUSE DE SA PATRIE.

Peut-être que le souvenir de cette page célèbre dans le livre sacré des Grecs aura aussi inspiré Libanius dans sa harangue à Théodose. Ce rhéteur fameux, jaloux apparemment de partager avec Flavien la gloire d'avoir sauvé Antioche, compose et publie une harangue où il est censé parler à Théodose, à la place du vénérable patriarche. Mais a-t-il atteint le but que se proposait son amour-propre, ou bien n'a-t-il fait que relever le triomphe de cette éloquence rivale, dont les rayons naissans offusquaient la sienne ? C'est ce que nous pourrons bientôt apprécier. Essayons de nous représenter ce qui se passe dans son esprit au moment où il prend la plume; il me semble le voir frappé de cette première idée :

Qui

Qui suis-je? A qui parlerai-je? Pour quelle fin?

Je suis Libanius, mon nom seul vaut un exorde; je parlerai à un empereur chrétien qui m'honore et me considère, bien que je ne sois pas de sa religion; sa colère violente et terrible, voilà le grand obstacle à la fin que je me propose, qui est d'obtenir la grâce de mon infortunée patrie.

Cette colère est injuste, puisque notre faute est une suite de ses exactions, et de la négligence de nos magistrats.

Elle est cruelle, puisque les principaux moteurs d'un désordre excusable ont payé de leur tête un moment de vertige.

Elle est insensée, puisqu'elle détruira une ville qui sert de rempart à l'empire.

Agité de ces sentimens intérieurs, comment s'y prendra Libanius pour déguiser des vérités si dures; car il est trop habile pour les présenter en face? comment persuadera-t-il à Théodose que le pardon qu'il lui demande est juste, glorieux, avantageux? Suivons son raisonnement.

1.º Afin de faire sentir au prince que sa colère est injuste et que le pardon nous est dû, mettons en avant ce principe spécieux : sans liberté morale point de crime.

Or Antioche a-t-elle été libre ? non, une espèce de vertige, une fatalité invincible, une de ces maladies qu'on appelle séditions, maladies attachées à la nature des grandes villes, l'a précipitée dans le désordre ; or cette manière d'envisager les troubles populaires n'est pas la mienne, ce fut celle des empereurs les plus sages et les plus religieux ; ce fut celle de Théodose lui-même, en certaine rencontre : donc s'il est jaloux de ressembler à ses prédécesseurs les plus illustres, s'il ne veut pas être contraire à lui-même, il doit excuser la faute de mes concitoyens ; faute, je le répète, d'autant plus digne de pardon qu'il en est la première cause, ainsi que les magistrats qu'il nous a donnés : vérité que je saurai faire entendre par l'exposé simple et naïf, en apparence, des principales circonstances qui ont précédé, accompagné, suivi la sédition.

2.º Prouver que cette colère est injuste c'est prouver qu'elle est cruelle, et je n'aurai besoin, pour faire ressortir cette cruauté, que de continuer mon récit et de remettre sous les yeux du prince l'exécution des coupables et le malheur de tant d'inno-

cens, de tant de chrétiens qui seront en-
veloppés dans la ruine commune.

3.º Elle est insensée, cette raison par-
lera d'elle-même.

Je terminerai par le tableau des heureux
fruits de la clémence et de la gloire qu'elle
procure.

Quant à mon exorde, je l'emprunterai
de la nécessité où tout généreux citoyen
est de plaider la cause de la patrie.

Tel fut peut-être le canevas, tel est du
moins l'esprit et l'analyse du discours qu'on
va lire.

PLAIDOYER DE LIBANIUS.

Notre ville est bien malheureuse, grand
empereur, puisqu'elle a servi de théâtre
aux outrages faits à celui qui l'aimait tendrement ; confuse de son injustice, elle n'a
osé charger personne de la secourir en implorant votre clémence. Je me suis donc
élu moi-même pour son député, prêt à faire
beaucoup pour elle si mon pouvoir égalait
mes désirs, et persuadé qu'elle ne désa-
vouera pas mes efforts, quand ils devraient
être infructueux ; car l'intention et non le

succès peut faire le mérite d'une démarche,
telle que la mienne. Daignent les dieux, qui
ont rendu facile à ma vieillesse un très-
long voyage, m'aider à obtenir ce qui fait
l'objet de mes vœux, et s'intéresser à la
cause de ma patrie.

Qu'on cesse de louer Antioche comme
un séjour digne d'envie; pour moi, je ne
puis m'empêcher de la pleurer lorsque je
la vois renversée par des tremblemens de
terre, ravagée, brûlée, saccagée par les
Perses, et, ce qui est bien plus digne de
larmes, animée de sentimens hostiles contre
ses empereurs. Qui oserait nier l'énormité
de l'outrage dont vos augustes images ont
été l'objet? et qui n'appellera ténébreux
et funeste le jour témoin d'un pareil crime?
Oui, prince, ce jour a été celui du vertige et de la fureur, ce jour a vu Antioche
en proie à l'un de ces accès violens et
inévitables qui poussent les villes à l'infrac-
tion des lois, et qui du moins les excusent,
de même que le défaut de liberté morale
absout d'avance le frénétique. Si je remonte
aux époques successives de l'empire romain,
que de maladies intestines l'agitèrent, que
de séditions violentes menacèrent de le renverser! De sages empereurs dissimulè-

rent un mal qu'ils ne pouvaient empêcher, d'autres crurent devoir accabler de leur vengeance les villes turbulentes, et cette vengeance est retombée sur eux-mêmes ; outre qu'ils s'affaiblirent, on les entendit se reprocher en gémissant d'avoir agi contre la volonté des justes dieux.

Et quels exemples nous donnent-ils, ces dieux suprêmes ? nous les outrageons, ils nous tolèrent ; grâce à leur patience le genre humain se multiplie : supposez le châtiment toujours sur les pas du crime et la terre sera bientôt déserte. Quiconque veut ressembler aux dieux aime à pardonner et non à punir. Il eût été bien plus grand, cet Alexandre le Macédonien, sans le renversement de la ville de Thèbes ; l'idée qu'il voulait donner aux hommes de son extraction céleste, il l'eût justifiée en quelque sorte par sa clémence, et il se serait épargné le sanglant affront que lui adressèrent les ancêtres de ces mêmes Scythes, dont votre bonté, grand empereur, a su faire des sujets affectionnés et fidèles.

Que dis-je ? Alexandrie sauvée malgré sa rébellion, Alexandrie debout malgré ses cris séditieux par lesquels elle se donnait aux meurtriers de votre famille en Occident, n'est-elle pas une preuve encore plus récente de votre modération et du jugement plein d'indulgence que vous portez vous-même touchant les villes égarées par la folie?

Les palmes cueillies par la clémence furent toujours les plus belles, un souverain ne les doit qu'à lui seul, tandis qu'il ne peut moissonner celles de la victoire qu'avec ses généraux et ses soldats. Prince, ne renoncez pas au plus pur de vos triomphes ; consultez votre cœur, il vous dira qu'un roi est un père et qu'il doit redresser avec douceur les écarts de ses enfans. Non, quand tous les autres monarques deviendraient cruels et barbares, vous ne pouvez vous oublier vous-même.

Le monde entier ne sait-il pas quelle a été votre généreuse conduite à l'égard des principaux de nos citoyens, accusés de conspiration ? La mort menaçait les prévenus, la sentence était portée, lorsqu'une parole de grâce, partie de votre palais, accourt dans notre ville, écartant les glaives déjà suspendus sur la tête de ces mêmes hommes, qui maintenant jouissent avec reconnaissance de la vie que leur a prolongée votre humanité. Montrez-vous donc contraire à vous-même et vous pourrez nous punir. Et d'ailleurs jusques à quel point Antioche a-t-elle mérité votre animadversion ? c'est ce dont votre équité mieux instruite jugera tout à l'heure.

Une lettre venue de Constantinople nous demandait de l'or ; le gouverneur en fit lecture dans la salle du conseil ; là se trouvaient réunis des sénateurs, des officiers retirés du service, des avocats et d'autres gens d'affaires. Effrayés du fardeau qui menaçait la province , les uns se prosternèrent la face contre terre , protestant de leur impuissance , attestant la divinité qu'on les réduisait à la dernière extrémité , et la conjurant de vous inspirer des sentimens de commisération ; les autres versaient des larmes silencieuses, mais qui ne suppliaient pas moins hautement. Le gouverneur ne pouvait se courroucer contre de si humbles représentations , car de quel droit les aurait-il empêchés d'adresser leurs prières à ce même Dieu que vous invoquez vous-même tous les jours? Jusqu'ici, prince, vous n'avez reçu aucune offense.

L'assemblée venait de s'écouler muette et consternée, lorsque des hommes obscurs, des hommes de la lie du peuple, commencent à s'agiter au milieu du calme de la ville, et courent à la maison de l'évêque Flavien : ne l'ayant pas trouvé, ils reviennent à leur point de départ, s'aigrissent en se communiquant leurs sujets de plainte, et s'animent à passer outre. Tels sont les agens déplorables dont s'est emparé le génie du mal pour faire des choses que je voudrais pouvoir ensevelir dans un éternel oubli. Oui, prince, ces augustes images, sur lesquelles nous avions coutume de lever des regards respectueux, ils ont osé les traiter avec irrévérence.

A cette frénésie fomentée par l'inexcusable absence des magistrats, succède une terreur soudaine ; on fuit, on se disperse ; alors seulement les archers se montrent dans les rues, et saisissent les plus audacieux. Qu'en a-t-on fait ? ont-ils échappé au glaive de la justice ? toute la ville les a vus tomber sous le tranchant de l'épée, quelques-uns ont été jetés aux bêtes féroces, on n'a pas même fait grâce aux enfans.

Ah ! prince, votre colère est sans doute plus que satisfaite, et l'on ne verra pas se réaliser les sinistres rumeurs qui circulent parmi les habitans perdus d'effroi. « L'empereur, se dit-on en tremblant, enverra

des soldats ; Antioche sera pillée, les premiers citoyens égorgés ; il faut du sang
pour laver un pareil forfait, il faut le
sang des plus illustres sénateurs. » Ils ignorent votre bonté ceux qui tiennent de
semblables propos ; ils ignorent que Théodose ne se laissera pas surpasser en clémence par Constantin, qui sut pardonner
une offense de cette nature ; ils ignorent
que l'empereur ne se résoudra jamais à
confondre avec les coupables un si grand
nombre d'innocens, surtout tant de chrétiens. Mais hélas ! ces fausses terreurs ont
déjà produit un effet déplorable.

On s'imagine voir les glaives étinceler,
on croit entendre crouler les maisons ; chacun se hâte d'abandonner une ville qu'il
regarde comme dévouée à la vengeance,
et emporte avec soi ce qu'il a de plus pré-
cieux. Les brigands profitent de ce désordre, et l'Oronte porte chaque jour à la
mer un grand nombre de cadavres ; ceux
que la crainte des dangers extérieurs ou la
maladie retiennent dans leurs maisons,
sont en proie à des alarmes plus cruelles
mille fois que la mort. C'en est fait d'Antioche, généreux prince, et le Parthe pourra
bientôt se réjouir de sa ruine, si votre
clémence ne vient à notre secours.

Mettez fin à nos calamités, faites luire sur nous des jours plus sereins ; à votre voix on verra cette foule de fugitifs accourir avec alégresse, baiser avec transport le seuil de leurs maisons, revenir comme de l'exil le plus lointain, chantant vos louanges, et consacrant votre nom à l'immortalité. Oui, grand empereur, Antioche sauvée éternisera votre mémoire, et vous élèvera plus haut que les victoires, les trophées et les louanges réunies des poètes et des orateurs. Accordez cette grâce à ma vieillesse, et daignez faire en sorte que, de retour dans Antioche, je sois le porteur d'une heureuse nouvelle.

JUGEMENT SUR LE DISCOURS DE LIBANIUS.

Ainsi Libanius plaidait à Antioche la cause de sa patrie. On ne peut nier qu'il n'y ait quelques endroits remarquables dans ce discours. L'exorde, si toutefois la circonstance eût permis d'en faire usage, l'exorde respire un ton noble et touchant ; les actions généreuses de Théodose sont rappelées quelquefois avec adresse, et présentées sous d'aimables couleurs ; mais ce petit nombre de beautés, que de taches les

obscurcissent ! que l'orateur y paraît faible
et imprudent ! il heurte de front la passion et l'irrite ; il veut justifier le crime,
et réussit à le noircir ; il emploie les motifs religieux, mais il oublie de concilier la
miséricorde avec la justice ; enfin presque
partout, il substitue l'imagination au sentiment, et viole les bienséances les plus
essentielles. S'il eût paru devant l'empereur avec cette harangue, je doute fort
qu'il l'eût achevée. Eh quoi ! se fût écrié
Théodose dès le début, vous prétendez
excuser des ingrats, des rebelles, des mons-
tres ! ne m'en parlez plus, ils ont outragé
ma bonté ; mon honneur, mon autorité,
tout exige que je fasse un exemple.

Accueilli de la sorte, qu'eût fait Libanius ? l'excuse imprudente eût-elle cédé
la place à l'humble aveu du repentir ? la
circonstance l'aurait-elle inspiré ? son cœur
lui aurait-il fourni quelques-uns de ces
traits énergiques et pénétrans qui désar-
ment la colère ? j'ai peine à me le persuader ; il paraît trop peu connaître le
cœur humain, et les dispositions dont il
était animé à l'égard de l'autorité souveraine n'étaient peut - être pas assez respectueuses pour qu'il fût capable de rem-

plir la noble mission qu'il s'était imposée, comme citoyen. La fierté faisait le fonds de son caractère et ne lui permettait pas de fléchir le genou devant une puissance, vers laquelle il se sentait d'autant moins attiré qu'elle était chrétienne. Quoi qu'il en soit de la nature de son talent, qui assurément n'était pas celui de la grande éloquence, et sans vouloir décider ce qu'il eût fait ou non à la place de Flavien, on peut du moins conclure, sans craindre de se tromper, qu'il existe une grande différence entre un rhéteur qui s'exerce loin de l'ennemi à une feinte déclamation, et un orateur que la vue même du péril inspire et enflamme.

RÉFLEXIONS SUR L'ÉLOQUENCE DES SAINTS PÈRES DE L'ÉGLISE GRECQUE.

Au reste, en opposant Flavien à Libanius, mon intention n'a pas été d'écraser ce dernier par un parallèle accablant. Que n'a-t-il parlé comme aurait pu faire Cicéron lui-même en pareille rencontre ; il eût été plus digne d'arrêter un instant les regards de nos jeunes lecteurs, qui auraient mieux senti jusqu'où l'éloquence profane peut aller par ses propres forces, et combien l'éloquence chrétienne lui est supérieure, même dans l'ordre politique. Néanmoins ce parallèle ne sera pas inutile pour eux quand il ne servirait qu'à faire ressortir cette judicieuse remarque de l'abbé Fleury : « Si l'on veut rendre justice aux saints Pères, il faut les comparer avec leurs contemporains et non avec les orateurs qui ont vécu plusieurs siècles avant eux. » Suivons cette règle dictée par l'équité la moins rigoureuse, et nous serons frappés de la hauteur à laquelle la philosophie chrétienne les tient élevés ; lorsqu'ils firent entendre leur voix, l'univers était presque muet : A eux seuls, ils forment une époque lumineuse au milieu des ténèbres de la barbarie, qui déjà s'amoncelaient de toutes parts. Chez eux la foi et la charité mûrissent la raison, ennoblissent l'esprit, dilatent le cœur ; leur ame franche et naturelle comme la vérité dont ils sont les organes, se réfléchit dans leur style dont la candeur aimable est rarement altérée par le mauvais goût qui dominait alors ; eux seuls pouraient ranimer et entretenir les étincelles mouvantes de ce bon goût qui avait éclairé Athènes et Rome. Le goût, cette espèce de conscience littéraire qui nous fait sentir et apprécier le beau dans les ouvrages d'esprit, ne réside pas moins dans le cœur que dans la raison. Des écarts du cœur et de la raison naissent tous les écarts du goût : supposez le cœur et la raison amis de la vérité, est-il possible qu'ils ne possèdent pas dans un plus haut degré ce *sapere*, qui est le principe et la source du bon goût ? D'où il résulte qu'à égalité de talens le goût le plus pur et le plus exquis sera toujours le partage de ceux qui, à l'exemple des saints Pères, ne retireront jamais leur cœur et leur raison de la salutaire influence de la philosophie chrétienne, parce qu'elle seule possède la vérité dans toute sa plénitude, et que la vérité seule peut régler l'imagination, épurer le sentiment, amener le génie à sa maturité.

IDÉE D'UN OUVRAGE EXTRAIT DES SS. PÈRES.

Rien n'est plus commun que de rencontrer chez les saints Pères d'éloquens plaidoyers en faveur de l'infortune; ils passèrent, comme leur divin maître, en faisant le bien aux hommes. Mais ce n'est pas seulement sur un grand théâtre qu'ils aimèrent à défendre la cause du malheur. Ouvrons leur correspondance familière, et nous les surprendrons occupés chaque jour à d'obscurs bienfaits. De toutes ces lettres que leur dictait la charité chrétienne, qu'il me soit permis d'en présenter deux à mes jeunes lecteurs; elles sont de S. Grégoire de Nazianze, et seront traduites en français pour la première fois. Elles auront, je l'espère, le double attrait de l'intérêt et de la nouveauté.

PREMIÈRE LETTRE.

C'est d'abord un pauvre déserteur que S. Grégoire entreprend de réconcilier avec son général ; la cause est bien mauvaise ; voyons si elle aura un habile avocat.

GRÉGOIRE A OLYMPE.

« Aurèle, votre soldat, a été un déserteur bien mal avisé sans doute ; mais en
revanche n'est - il pas un suppliant bien
avisé d'être venu se réfugier entre mes
bras ? Il a pensé que mon sacerdoce et ma
vieillesse, pour lesquels vous avez souvent
témoigné quelque égard, était l'asile le
plus inviolable qu'il pût rencontrer. Souffrez donc qu'il vous soit présenté par cette
main qui offre chaque jour le sacrifice de
paix et de réconciliation, par cette main
qui, plus d'une fois, a écrit vos louanges,
et se prépare à les renouveler encore,
si la divine Providence, en vous conservant
à notre province, daigne prolonger un gouvernement qui est moins le vôtre que celui
de la justice, votre compagne assidue. »

Est-il possible de donner à une requête
de ce genre un tour plus insinuant et plus
adroit ?

DEUXIÈME LETTRE.

Il s'agit de recommander de malheureux
orphelins, et de les faire rentrer en grâce
avec leur père, homme dur et brutal, qui

les

(97)

les avait déshérités et bannis de sa maison,
uniquement parce qu'ils étaient contre-
faits et disgraciés de la nature. Ces jeunes
infortunés sont censés parler en leur nom,
ou plutôt c'est l'aîné qui porte la parole
pour tous deux.

A VITALIEN.

O vous, en qui nous révérons l'image
de Dieu ! ô mon père, daignez nous écouter
avec la bonté de celui qui tient votre place
à notre égard. Pourquoi poursuivre de votre
courroux ceux dont la naissance fut si long-
temps l'objet de vos vœux et de vos prières ?
Il ne vous souvient donc plus de ce jour,
où recevant sur vos genoux ces enfans qui
venaient d'ouvrir les yeux à la lumière,
vous leur imposâtes des noms glorieux, por-
tés autrefois par d'illustres martyrs de J. C.;
je fus appelé Pierre, et mon frère reçut
le nom de Phocas. Vous nous chérissiez au
berceau; aujourd'hui que nous sommes
devenus grands, quelle raison avez-vous
de nous haïr ? S'il était permis à la créa-
ture de murmurer contre son créateur, ou
si les enfans avaient le droit de se redresser
contre leur père, notre apologie ne serait

7

peut-être pas difficile. Mais il nous suffira de laisser échapper de nos bouches des plaintes respectueuses.

» Fussions-nous coupables, ô mon père, nos fautes ne sauraient être plus graves assurément que celles de ce jeune homme qui, fuyant la maison paternelle, courut manger son héritage avec des femmes de mauvaise vie. Réduit à la dernière extrémité, il retourna vers son père, et se prosterna devant sa face. A l'instant ce bon père sentit ses entrailles émues, et fondant en larmes à la vue de son malheureux fils, il serra tendrement ses bras autour de son cou, et ordonna un festin de réjouissance.

» Votre maison hospitalière est ouverte à tous les passans : étrangers, fidèles, infidèles, tous y abordent comme à un port ami et tranquille ; vous les soulagez de vos richesses, et leur faites partager les délices de votre table ; et nous, vos enfans, sans pain, sans habits, sans asile, on nous voit aller de porte en porte, trop heureux si quelque humble demeure daigne s'ouvrir et nous recevoir ! On nous demande notre nom, notre naissance ; le respect que nous vous portons nous rend muets et nous fait baisser les yeux.

» O mon père, pourquoi nous exclure ainsi de votre tendresse, et la réserver toute entière pour vos autres enfans ? A Dieu ne plaise que nous soyons jaloux de l'heureuse situation de nos sœurs ! Mais pourquoi auraient-elles seules part à vos bienfaits ? Elevées sous vos yeux, et formées à la vertu par les soins d'une habile gouvernante, vous les avez données, avec une partie de vos richesses, à de jeunes et illustres époux ; et nous, sortis du sein de la même mère, nous, vos premiers-nés, vous nous bannissez de votre présence le jour même où, célébrant les noces d'une de nos sœurs chéries, toute votre maison était dans la joie ! Jour affreux ! te rappellerai-je à notre souvenir ? Nos parens, nos amis, plusieurs grands personnages assistaient au banquet. D'illustres prélats unissant leurs prières, bénissaient ce mariage fortuné ; une troupe aimable de jeunes gens célébraient au son des instrumens le bonheur de l'époux, et de chastes vierges paraient l'épouse : notre père, au comble de ses vœux, se prêtait aux caresses de ses autres enfans ; et nous, comme si une lèpre hideuse se fût montrée sur notre front, on nous retint sequestrés loin de notre sœur.

O combien de fois nous maudîmes alors le jour où nous fûmes conçus ! Pourquoi nous avoir fait présent de la vie, puisqu'elle devait nons être si amère ?

« Depuis ce jour funeste, bannis de votre maison, nous n'avons trouvé de refuge qu'auprès des pieux évêques Amphiloque et Grégoire, dont vous avez rejeté l'intercession; calmez votre courroux, vous disaient-ils; et vous aussi, vous avez dans le ciel un père dont vous avez besoin d'implorer l'indulgence; vous reconnaîtra-t-il pour son enfant, si vous méconnaissez vos propres fils ?

» Mais quelles sont donc ces fautes si graves que vous punissez avec tant de rigueur? Avons-nous, d'une main sacrilége, dérobé votre or ou votre argent, pour satisfaire la fureur du jeu ou de honteuses passions ? Nous sommes-nous ligués avec vos ennemis? nous est-il arrivé de vous refuser l'honneur et le respect qui vous sont dus ? De tels crimes, vous le savez mieux que personne, n'entrèrent jamais dans notre pensée. Notre faute, voudra-t-on le croire, notre unique faute, c'est de ne pas ressembler à notre père pour la beauté des traits et pour la grandeur de la taille : cela dépendait-il de vos enfans ?

» Notre père qui êtes aux cieux, tendez-nous une main secourable , et fléchissez le cœur de celui qui nous donna le jour sur la terre. Mon père, voyez vos fils prosternés à vos pieds, ils embrassent vos genoux, ils approchent une main suppliante de votre menton (1) ; ne détournez pas vos regards. Nous ne demandons ni riches épouses, ni or, ni argent , ni maisons, rendez-nous , votre amitié et nous serons consolés.

» O ma mère, ô toi que nous avons tant pleurée , que ne vis-tu encore ? tu joindrais tes prières aux nôtres , tu rappellerais à notre père que la tendresse qu'il te voua dans sa jeunesse doit se reporter sur les fruits de votre union. Ah ! c'est bien assez des maux que nous avons endurés ! que si notre malheur doit se prolonger encore, Dieu sera notre père ; la mort finira bientôt notre exil ; alors du moins ne refusez pas quelques larmes à vos malheureux fils. »

Excepté quelques endroits très-rares ,

_____

(1) Dans Homère Thétis approche sa main du menton de Jupiter. C'était l'usage des supplians, même du temps de saint Grégoire.

où l'imagination domine un peu trop, quel charme ! quel sentiment des bien-séances ! quelle éloquence douce et tendre qui remue les entrailles !

Puissent ces deux lettres inspirer à nos jeunes lecteurs le désir de parcourir et de connaître la correspondance des saints Pères ! Ils seront ravis, j'ose l'assurer, ils seront étonnés des richesses qu'elle renferme ; ils apprécieront ces grands hommes en qui les dons de la grâce ne firent qu'ajouter un nouveau prix à ceux du génie, en les dirigeant vers une plus noble fin ; ils puiseront dans leur conversation cette politesse chrétienne, si peu connue aujourd'hui, politesse toujours vraie, toujours pleine de pudeur et d'amabilité, qui même lorsqu'elle paraît tout occupée de plaire, a toujours pour but d'être utile.

Offrir aux jeunes élèves de nos écoles, les modèles les plus achevés de cette politesse chrétienne, les offrir parés de quelques-uns de leurs charmes naturels, les disposer dans un ordre agréable et piquant, les relever enfin par le contraste en leur opposant des modèles parallèles, empruntés aux épistolaires profanes, ce serait, ce me semble, bien mériter de la religion et des lettres. Frappé de l'utilité d'un recueil de ce genre, me permettra-t-on de dire ici que j'ai essayé de cueillir tout ce que les saints Pères de l'église grecque ont de plus gracieux et de plus instructif dans leurs immortels ouvrages ? Toutes mes traductions sont achevées ; mais comme elles sont entièrement nouvelles, et que je désire leur donner cette aisance et cet abandon qui caractérisent le style épistolaire, je n'ose les exposer encore aux regards du public, m'estimant trop heureux si, par quelques efforts de plus, je puis contribuer à ranimer parmi nous l'étude, trop négligée, de l'antiquité ecclésiastique.

FIN.

TABLE.

www.ingramcontent.com/pod-product-compliance
Ingram Content Group UK Ltd.
Pitfield, Milton Keynes, MK11 3LW, UK
UKHW020918120726
13693UKWH00003B/1055